子どもの気持ちがよくわかる

食べない子が
食べてくれる
幼児食

加藤初枝
東京家政大学非常勤講師　管理栄養士
井桁容子
東京家政大学ナースリールーム主任保育士

医療指導　**向井美惠**　昭和大学歯学部教授
料理作成　**今井久美子**　料理研究家

女子栄養大学出版部

目次

はじめに

この本では、離乳完了から３歳未満の子どもに食べやすい料理を紹介しています。食べやすくする調理のくふうとともに、日々の食事づくりに活用していただき、ご家族で楽しい食卓を囲んでくだされば うれしく思います。

離乳を完了した子どもが、すぐに大人と同じ食事を食べるのは難しいことです。食品によっては、かたくて噛みにくい、パサパサして飲み込みにくい、粉っぽくてむせてしまうなど、食べにくい様子がよく見られます。なぜかというと、子どもは大人とは異なった食べ方の特徴があるからです。その特徴をよく知り、特徴に配慮して調理をくふうすれば、子どもにも食べやすくなります。

子どもの食べ方の特徴

・歯が生えそろっておらず咀嚼がうまくできない
・噛む力が弱いため、かたいものが噛めない
・食の経験が少ないため好まない食品が多い

本書では、食品ごとに、食べ方に配慮した調理のくふうを説明していますので、ご活用ください。

子どもの好き嫌いについても、この時期特有の理由によることが多いと思われます。大人から見ると「食べない＝嫌い」ととらえがちですが、子どもはある食品をうまく噛めないとか、味に慣れていないため食べないということが多いのです。

食事を食べやすくすれば、子どもは食の経験を多くできるようになり、好む味の範囲が広がります。食べやすさに配慮した料理のたいせつさが、ご理解いただけると思います。

加藤初枝

東京家政大学非常勤講師　管理栄養士

ミルクやおっぱいだけを飲んでいた赤ちゃんが、ある日突然、自分の身近な人がなにかを食べている様子をじ～っと見るようになります。そして、何回か見る経験をしていくうちに、自分の口がもぐもぐ動きだしたり、よだれがたら～りとあふれ出してきたりします。

こんなに幼いうちから、相手の口と同じように自分の口を動かすことができる力が、赤ちゃんにあることに驚かされます。“学ぶ”というのは“まねぶ”から変化したものといわれていますが、まさしく食べることを身近な人の動きからまねて学んでいるのですね。

また、だれかといっしょに食べる楽しみを持っているのも、人間だけのようです。幼児の遊びの中で、昔も今もかならず見られるのは、お料理するしぐさやごちそうを作ることです。きっと本能的にその心地よさを感じているので、遊びになって表現されるのでしょう。

幼い子どもの食を考えるときに、お父さんお母さんは身構えて考えて気負いすぎてしまいがちですが、人間に本来備わっている力を信頼しながら、急がない、比べない、無理させないで、食を楽しむことをたいせつにして日々重ねていくと、自信を持って生きる、意欲にあふれた生き方のできる人に育っていくこと間違いなしです。

なぜならば、食べることは生きる意欲とイコールだから、楽しく心地よいことがなにより大事なのです。

井桁容子

東京家政大学ナースリールーム主任保育士

じょうずに噛めない、さまざまな味に慣れていない幼児がおいしく食べられる料理をご紹介します。
日々の食事にぜひお役立てください。

幼児期の食事で気をつけたいこと

ほんの１年前はおっぱいを飲むだけだった赤ちゃんも、離乳食を卒業すると、いよいよ大人の食事の仲間入りです。

このとき、大人が少し心配りをすると、幼児は楽しく食卓に向かい、すこやかに育っていくことができます。

幼児期の食卓で気をつけたいことを、考えてみましょう。

幼児期の親子の食事

井桁容子《いげたようこ》　東京家政大学ナースリールーム主任保育士

親と子が食で つながるということ

「思春期の子どもがつらそうにしているときは、親は黙って大好物の食事をたっぷりと作ってあげることがいちばん」と青少年の問題行動を起こす子どもたちに関わっているかたから、伺ったことがあります。そんなことぐらいでいいの？　と意外な感じでした。

しかし、自分の大好物を覚えていてくれたこと、自分のために時間をさいて作ってくれたことは、無条件に愛されているという気持ちになれるということなのでしょう。

親に限らなくても、自分のためにだれかが作ってくれたものを食べるということは、作ってくれた人の心もいっしょに食べるという幸福感も味わうことなのです。

だから思春期の波立つ心に、親が作ってくれる大好物の食事が特効薬になるのですね。

このことを知って、改めて食事のたいせつさをこれまでの認識と違った意味で実感しました。反面、食事に対して最近とても気になっているのが、保育を学ぶ学生たちの食事に対する考え方です。

実習中に、食事のシーンを見ていて最も多い質問が、「子どもが食べたくないといったときに、がんばって食べるようにすすめなくてよいのでしょうか？」というのです。

「あなたはなぜそうに思うのですか？」と問い返すと、「親や幼稚園（保育所）の先生に、がんばって食べるようにいわれてきた」と答えます。

食べる物が充分になかった時代は、食べられるだけで充分だったものが、今は“がんばってでも食べないとダメ”なものになっている時代？　しかも、育児の悩みのトップが食事に関することだ

ったり、食べ物にまつわるトラウマをもっている若者も少なくない。なにかおかしいですね。

なぜ子どもをがんばらせてしまうのでしょうか？

　実習生のエピソードで最も衝撃的だったのは、食事のときに「もういらない」とテーブルから離れる子どもに対して、保育者が「ごちそうさまなのね」と受け入れたら、そばにいた実習生が涙を流し始めたことでした。

　わけを聞いてみると、「食べたくないっていっていいんですね。私はこれまで実習した幼稚園や保育園でも、自分の幼いときも、食事は無理やり食べさせられてきました。そのことが原因で、今は人と向かい合うと、そのときのことを思い出してしまって、水さえも飲めなくなり、吐きけがしてしまうのです。

　だからきっと恋愛もできないと思います。でも、がんばって食べなくてもいいといってくれるところがあるのですね」と泣いていたのです。

　ああ……大人たちが子どもにがんばらせたことは、いったいどんな意味があったのでしょうか。

4、5歳のころに食べることをがんばらされたことが、20歳になってもその人に影響し、人生さえも変えてしまうことになっていました。

大人たちはみんなよかれと思ってやってきたことなので、なおさら残念でなりませんね。

食事を無理強いすることには
意味がありません

先ほどの学生は、卒論を「幼児の食事について」をテーマにしてまとめ、無理強いされて食べることには意味がないことを証明しました。卒論発表会の席で彼女は、次のようなエピソードを話してくれました。

――自宅で父親とテレビを見ていたときに、青少年の犯罪のニュースが流れた。父親は、「今の若者は、大人が甘やかしてわがままだからこんな事件を起こすんだ。しっかり怒って無理やりでもやらさなければダメなんだ」といった。

私は、「お父さん、それは違うよ。お父さんが小さいころから無理やり食べさせた物、今でも大嫌いですから。無理やりやらせることにはなんの意味もありません。お父さんは間違えてる。この卒論を読んでみて」といって、卒論を出した。すると父親は、静かな口調で「そうか……たいせつな事を学ぶことができたのだな」といった――

この学生は、幼いころにいいたかったことを22歳でやっと表現できたのですが、なにもいえないまま大人になって親になってしまっている人たちも、たくさんいることでしょう。

その卒論の中で学生も述べていましたが、全部残さず食べなさいという場合は、“食べさせた”という大人側の達成感がおもにあるようです。

大人の用意した料理が
子どもの力に合わないこともあります

大人が器に盛った量が、かならずしもその子のその日の身体のコンディションに合っているとは限らないし、その子の消化能力、咀嚼力にマッチしているとは限りません。

人間はロボットとは違って、いつも同じ量だけ消費し、同じ量だけ補うという単純な食欲の状態にないことは、大人自身が自分のことをふり返っ

てみればわかるはずです。

幼児の食事を考えたときに最もたいせつなことは、子ども自身が“食べることは楽しくて、幸せで心地よいことだ”と思えていることです。

無理やりや、がんばらせることは、その場だけの達成感はありますが、自分の体調や好みを無視された悲しみも、子どもの中に飲み込ませたことを忘れてはいけませんね。

子どもを身近に見たり接したりした経験がないままに親になる人が多くなって、赤ちゃんの離乳食を作るときにも、本を片手に、それはそれはみなさん緊張して真剣に臨んでいます。

でも、ちょっとリラックスして考えてみてください。江戸時代は、今のような手引書があったわけではありませんね。もちろん、正しい情報がなかったためにひどい目にあった子どももいたことでしょう。でも、多くの子どもたちは自然にいろいろな物を食べるようになっていったのです。

大人もがんばらず、短い幼児食期を楽しみましょう

幼児期はやがていろいろなものを楽しんで食べていくためのほんのはじまりでしかないのです。はじまりは、快いことがなによりたいせつです。

さらに、個人差も大きい幼児の食事は、歩き始めが異なるように、好みも口の育ちもみんな違います。型どおり、本のように進まないことも当然です。マニュアルはあくまでも参考にするもので、そのままでないといけないものではないのです。

乳児がなんでも口に入れて遊ぶのは、いろいろな食感のものを食べる練習が始まっているともいえます。現に、おもちゃをよくしゃぶる赤ちゃんは、離乳食の進みがスムーズです。

個人差はありますが、食べる能力は子どもにはそろっていて、あとは大人が、その子に合った方法を見きわめることが大事だということですね。

また、がんばって作ったものはがんばって食べさせたくなってしまうのでしょう。大人が楽しんで作って、楽しんでいっしょに食べることから始めるのが、なによりおいしい食事になり、いきいきとたくましく前向きに生きるエネルギーになっていくということです。

幼児の口の成長と食事のくふう

向井美恵《むかいよしはる》　昭和大学歯学部教授　昭和大学口腔ケアセンター長

幼児期は食の幅が豊かに広がるとき

　人は、食べ物を食べるとき、そのかたさ、大きさ、粘りけなどの特徴を舌や上あごなどで感じとり、それらの感覚に応じて、噛み方、飲み込み方を変化させ、種々の食物を食べています。

　食べる機能の発達変化では、離乳が完了する１歳半ごろから３歳にかけ、乳歯の奥歯が生えそろうのにしたがって、かたい食べ物や繊維の強い野菜などを噛みつぶすことができるようになります。

　固形の食物を歯でつぶし、その食物の独自の味や香りを感じとることができるようになるため、食べられる食品の種類が広がると同時に、それぞれの食物の持つ味や香りや触感など、多様な感覚を受けとることができるようになります。またこの時期は、知的な発達に伴って、自己主張が強くなり、食物の好き嫌いがはっきりしてくる時期でもあります。

前歯が生えそろうころ（１歳～１歳半）

　１歳の誕生日を迎えるころには、上下８本の乳切歯が生え、物を噛み切る機能が整います。これにより、前歯を使って軟固形食品を噛み切り、一口量を調節して口にとり込むことを覚え始めるのです。この一口量を調節する機能は、同時期に発達する腕・手指・口の協調運動である「手づかみ食べ」の発達とあいまって、お互いの発達を促し合って上達します。

「手づかみ食べ」は、食べ物を目で確かめて、手指でつかんで、口まで運び口に入れるという目と手と口の協調運動であり、摂食機能の発達のうえで重要な役割を担っています。目で、食べ物の位置や食べ物の大きさ・形などを確かめ、手でつ

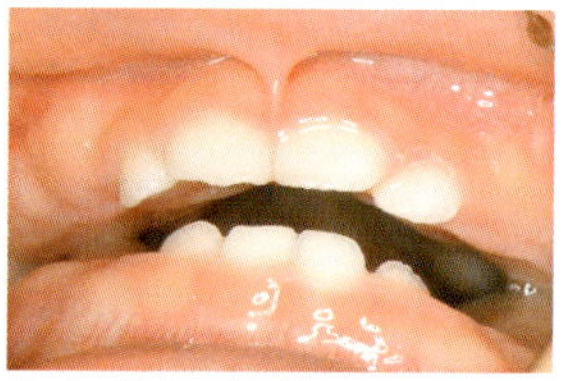

上下の前歯８本が生えそろった１歳児の歯。

かむことによって、食べ物のかたさや温度などを確かめ、こうした感覚の体験を積み重ね、口の感覚と合わせていきます。

　このように１歳～１歳半の幼児は、手づかみ食べが上達し、食器・食具をじょうずに使う準備が整います。行動面では、「自分でやりたい」という欲求がでて、自分で食べる機能の発達を促します。

奥歯が生えそろうまで（１歳半～３歳）

　食物を噛みつぶす臼歯（第一乳臼歯）は、離乳が完了する１歳半ころに生えてきて、上下がしっかり噛み合うのは1歳半を過ぎてからになります。続いて２歳半ごろ、一番奥の歯（第二乳臼歯）が生え、乳歯が上下それぞれ10歯、計20歯生えそろうのは、３歳ごろです。

　奥歯を使って噛みつぶす、咀嚼機能が発達途上にある幼児は、口にとり込まれた食べ物の特徴に応じて、噛む強さや回数などの食べ方を変える経験を積み重ねていきます。幼児食を通して、奥歯を使って噛んで食べる食べ方が発達する時期は、与える食物のかたさ、大きさ、粘りけなどの調理形態を奥歯が生える成長状態に合わせるくふうが必要です。

　奥歯が生えそろう前に、子どもがあまり噛まずにまるのみしていると感じたときや、いつまでも食物を噛もうとせず口の中にためている様子が見

られるときは、「食べさせた食物のかたさなどが、子どもの口の機能に合っていないのではないか」と察して、かたさや大きさ、野菜や肉の繊維などを、子どもの奥歯の噛み合う程度や噛む力などの機能に合わせることが必要でしょう。

奥歯が生えそろった 3歳以降

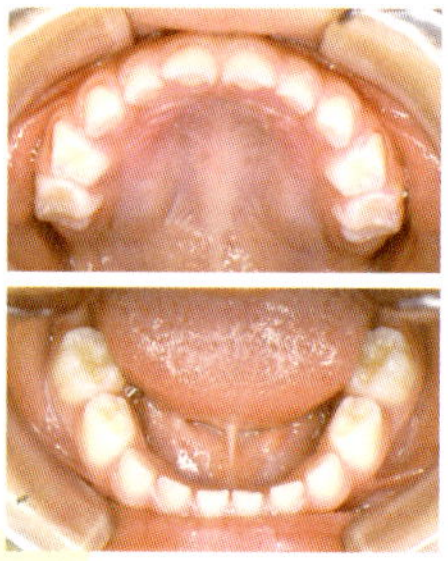

臼歯もすべて生えそろった
3歳児の歯。

乳歯列が完成する3歳以降になると、口に入ってくる食物のかたさや大きさに応じて、生えそろった乳歯でよく噛んで、唾液と混ぜ合わせ、充分に味わう食べ方ができる準備が整います。

全部の乳歯が生えそろってからは、通常の食物なら大人と同じ食品（特にかたさ）が食べられるようになります。

しかし、大人より噛む力が弱いため、大人と同じ食物を食べるには、噛む回数を多くする、一口

量を少なくするなどといった食べ方のくふうが必要です。

咀嚼による豊かな五感体験が食の楽しさを育てる

五感とは、視覚・聴覚・嗅覚・味覚・触覚のことを指します。噛むことによる五感への感覚のひろがりは、まずよく噛むことで味物質が唾液にとけ、それらが味孔から舌の感覚器官である味蕾を刺激して味わいが豊かになり（味覚）、噛みつぶされた食物の触感を楽しむことができます。

嗅覚では、口唇を閉じて咀嚼している最中に、噛みつぶされた食品の香りを鼻咽腔からの呼気（吐く息）によって感じとる（戻り香）ことができます。

聴覚では、食物を噛みつぶす際に生じるシャキシャキなどの音を、骨伝導音によって聞くことができます。

視覚を除いた4つの感覚は、咀嚼によって高められ、総合的に味わいが増すものと思われます。

乳歯が生え、咀嚼機能が発達する時期の幼児には、豊かな食体験によって、食事の楽しさを味わえるような食べ方の支援が望まれます。

参考図書：
1）巷野悟郎・向井美恵・今村榮一監修：『心・栄養・食べ方を育む乳幼児の食行動と食支援』医歯薬出版，2008.
2）向井美恵編著：『乳幼児の摂食指導－お母さんの疑問にこたえる－』医歯薬出版，2000.
3）乳幼児食生活研究会編：『幼児の食生活－その基本と実際』日本小児医事出版社，2010.

幼児が食べやすい調理のコツとレシピ

食事指導とレシピ作成　加藤初枝
料理作成　今井久美子

幼児は口の機能が未熟なため、大人と同じように噛んだり飲み込んだりすることができません。
特別な料理の必要はありませんが、幼児の口でも食べやすくする配慮が必要です。
大人もおいしく食べられて、幼児が食べやすいようにくふうした、レシピと調理のコツを紹介します。

レシピのページの使い方

この本のレシピのページには、食材の特徴ごとに、幼児が噛めない、食べられないと感じる理由と、食べやすくするための調理のコツを示しています。また、材料・仕上がりの原寸大写真は、子どもが食べやすい大きさを実際の寸法で示したものです。調理の際に側に置いて、活用してください。

また、本書で紹介している料理はすべて、大人もおいしく食べられます。大人と子どもの料理を同時に作ることができるように、レシピの分量は大人２人分と幼児１人分で示しています。

❶ 食材の特徴ごとに、幼児が噛めない、食べられないと感じる理由を示しています。

❷ 食材の特徴に合わせて、おいしく、食べやすくするための調理のコツを示しています。

❸ レシピの分量は、大人２人分と幼児１人分です。

❹ 特に記載がない限り、皮やへたなどを除いたあとの重量です。

❺ 赤い文字は、幼児１人分の目安量です。
・計量のしやすさ、使いやすさを考慮し、四捨五入などできりよくした重量

❻ だしは、カツオだしを使用しています。
・沸騰湯½カップ（100mℓ）に対し、削りガツオ２gを加え、ひと煮立ちしたら火を消し、削りガツオを濾し除く

❼ 小さじ⅙より少ないときの表示。

❽ 大人と幼児で作り方が同じ場合。
・調理の途中から大人と幼児で作り方が変わる場合は、「大人と幼児、作り分け」と表記

❾ 紹介した料理を使った献立例です。メニュー作りのヒントにしてください。

❿ レシピに記載の材料や仕上がりの原寸大写真です。幼児が食べやすい大きさの実寸になります。

計量カップ・スプーンの使い方

本書で使用している標準計量カップ・スプーンは、１カップ200mℓ、大さじ1＝15mℓ、小さじ1＝5mℓのものです。

1杯分の計り方

カップもスプーンも計り方は同じです。液体は表面張力で液体が盛り上がるように計ります。粉類は自然に山盛りにすくい、へらで縁にそってすり切ります。

スプーン½杯、¼杯の計り方

上記の要領でスプーン１杯分を計り、へらのカーブをまっすぐに差し込んで先を払い、½杯を計ります。½杯の状態から、さらにその半分を同じようにして払い、¼杯を計ります。

- 小麦粉や砂糖などの粉類は、かたまりなどがあればつぶし、ふるいにかけてふんわりとした状態にして計ります。スプーンやカップにすくうときは、底をたたいたり押し込んだりしないようにします。
- 油やしょうゆなどの液状のものは、表面張力で液体が盛り上がるくらいに、内径を満たすように計ります。
- みそやバターなどを計るときは、空間ができないようにへらで詰め込み、へらできれいにそぎ払います。
- あずき・豆など粒状のものは、いっぱいにすくってから底の部分を軽くたたき、へらですり切ります。

撮影／山本明義

計量カップ・スプーン

❹カップ（200mℓ）❺大さじ（15mℓ）❻小さじ（5mℓ）
❼ミニスプーン（1mℓ）❽すり切り用へら

本書のレシピの調味料や頻繁に使う素材の重量

食品名	小さじ（5mℓ）	大さじ（15mℓ）	カップ（200mℓ）
水・酢・酒	5g	15g	200g
しょうゆ	6g	18g	230g
みりん	6g	18g	230g
みそ	6g	18g	230g
食塩	6g	18g	240g
上白糖	3g	9g	130g
小麦粉（薄力粉）	3g	9g	110g
かたくり粉	3g	9g	130g
パン粉	1g	3g	40g
ベーキングパウダー	4g	12g	150g
牛乳	5g	15g	210g
中濃ソース	6g	18g	—
トマトケチャップ	5g	15g	230g
マヨネーズ	4g	12g	190g
粉チーズ	2g	6g	90g
ごま	3g	9g	120g
練りごま	5g	15g	210g
油	4g	12g	180g
バター・マーガリン	4g	12g	180g
ピーナッツバター	6g	17g	—
ジャム	7g	21g	250g
米	—	—	170g

野菜のおかず

野菜は繊維が多く、特有の味や香りがあるため、幼児には食べにくい場合が多い食品です。
野菜を、葉っぱを食べる葉野菜、根っこや実を食べる根・実の野菜、苦味・辛味のある野菜に分けて、それぞれ食べやすくする調理のくふうと料理を紹介します。

野菜の調理

野菜を使う料理では、大人は野菜特有の味や歯ざわりを楽しめるように調理しますが、そのような料理は子どもには食べにくい、つまり好みづらいものです。なぜかというと、次のような生理的な理由があるためです。

①奥歯まで歯が生えそろっていても、咀嚼がうまくできないため、ほうれん草やキャベツのような薄い葉物野菜を噛むのは難しいものです。

②噛む力が弱いので、かたいごぼうやれんこんは噛むことができません。

③ピーマンの苦味や大根の辛味などは、生まれつき体に害のある味として認識しているので、子どもには本能的に好みにくい味です。

薄い葉物野菜

キャベツ・白菜・ほうれん草・青梗菜・小松菜など

葉物は薄くて噛みにくので、１cm角程度の大きさに切り、やわらかく煮たりゆでたりします。さらに、あえ衣であえたり、汁けを多めに残して仕上げたりします。

キャベツ・白菜・青梗菜など、葉と軸のかたさが違う野菜は、葉と軸に切り分けて調理します。キャベツの軸は、細かく刻んで使ったり、白菜や青梗菜は、軸から先に加熱し、葉と軸は同じやわらかさに仕上げるなどくふうします。

やわらかくなりにくい根菜

ごぼう・れんこん

やわらかくなりにくいごぼうやれんこんは、５㎜くらいの厚さに切り、長い時間煮て、芋のようにやわらかく仕上げます。

苦味・渋味・辛味がある野菜

ピーマン・青菜類・大根など

味の刺激をやわらげるように調理します。苦味のあるピーマンは、やわらかくゆでて細く切り、濃いめの味をつけた肉などと調理します。

渋味のある青菜類は、だし汁や削り節などを加えてうま味をきかせます。辛味のある大根は、やわらかくゆでてから、煮物などに使います。

そのほかに気をつけたい野菜

水菜：火を通してもやわらかくなりにくいため、子どもが食べるのは難しい野菜です。使う場合は、５㎜長さくらいに切って、よく火を通します。

レタス：生でも火を通しても、子どもには噛みにくい野菜です。２㎝長さのせん切りにしてやわらかく煮ると、食べやすくなります。

きゅうり：生では薄切りにしても噛みにくいので、火を通してやわらかくします。

葉野菜……ぺらぺらしてじょうずに噛めないの

キャベツのカレー煮

薄くてかたいキャベツは、繊維を断つように切ってやわらかく煮て、汁けを多めに仕上げて汁といっしょに食べられるようにします。

材料 大人2人分と幼児1人分
★赤文字は全体量のうちの幼児1人分の目安量

キャベツ（軸を除く）	200g	25g
ウインナーソーセージ	40g	5g
水	¾カップ弱	大さじ1¼
カレー粉	少量	少量

幼児1人分 23kcal　塩分 0.1g
大人1人分 79kcal　塩分 0.3g

作り方 大人と幼児共通

1 キャベツは1cm角に切る。ウインナーは2mm幅の輪切りにする。

2 なべに水、**1**を入れ、ふたをして弱火で煮る。キャベツがやわらかくなったらカレー粉を加え、ひと煮する。

幼児 ⅛量を盛る。

献立ヒント
アジのレモンマリネ（52ページ）
エリンギのみそ汁（74ページ）
ごはん

材料の原寸大

ほうれん草の白あえ

ほうれん草は繊維が噛み切りにくいので、豆腐と同じかたさになるくらいやわらかくゆでます。

材料 大人2人分と幼児1人分
★赤文字は全体量のうちの幼児1人分の目安量

	ほうれん草	½束（100g）	20g
	しょうゆ	小さじ½強	少量
	木綿豆腐	200g	40g
a	すり白ごま	小さじ2	小さじ½弱
a	しょうゆ・砂糖	各小さじ1	各少量

幼児１人分 44kcal　塩分 0.3g
大人１人分 87kcal　塩分 0.6g

作り方 大人と幼児共通

1 ほうれん草はやわらかめにゆでて水にとり、水けを絞る。1cm長さに切り、しょうゆをまぶす。

2 豆腐は5分ほどゆで、ざるにとって湯をきり、ペーパータオルで包んでかるく水けをとる。固まりをスプーンでつぶし、aを加え混ぜる。

3 **2**でほうれん草をあえる。

幼児 ⅕量を盛る。

献立ヒント

肉団子の煮込み（40ページ）
さつま芋のみそ汁
ごはん

青梗菜のシラスあえ

青梗菜は繊維がかたく噛み切りにくいので、やわらかくゆでます。葉より軸のほうがゆで時間がかかりますから、軸を先にゆでましょう。

材料 大人2人分と幼児1人分
★赤文字は全体量のうちの幼児1人分の目安量

	青梗菜	140g	20g
	シラス干し	1/3カップ(20g)	3g
	にんじん	35g	5g
a	だし	大さじ2強	小さじ1
a	しょうゆ	小さじ1強	少量
a	塩	小さじ1/5	少量

幼児１人分 8kcal　塩分 0.5g
大人１人分 23kcal　塩分 1.4g

作り方 大人と幼児共通

1　青梗菜はやわらかくゆでて、1cm角に切る。

2　シラス干しは2〜3分ゆでて塩抜きをし、湯をきる。にんじんは1cm角の色紙切りにし、やわらかくゆでる。

3　シラス干しとaを混ぜ合わせ、青梗菜とにんじんを加えてあえる。

幼児 1/7量を盛る。

献立ヒント

牛肉と豆腐のオイスターソース煮 (44ページ)
じゃが芋とわかめのみそ汁
ごはん

白菜と油揚げの煮物

白菜の軸は繊維が噛み切りにくいので、
食べやすくなるように小さく切ります。

材料 大人2人分と幼児1人分
★赤文字は全体量のうちの幼児1人分の目安量

白菜	200g	25g
油揚げ	1枚（20g）	少量
だし	1¼カップ弱	大さじ2弱
a しょうゆ	小さじ⅔	少量
a 塩	少量	少量

幼児1人分 13kcal　塩分 0.2g
大人1人分 44kcal　塩分 0.6g

作り方 大人と幼児共通

1 白菜は葉と軸に切り分け、葉は2cm角、軸は1cm角に切る。

2 油揚げは熱湯をかけて油抜きし、さめたら水けを絞って5mm角に切る。

3 なべにだし、白菜の軸、油揚げを入れ、ふたをして煮る。白菜の軸が透き通ったら葉も入れて、やわらかくなるまで煮、aで味つけをする。

幼児 ⅛量を盛る。

献立ヒント
タラの野菜あんかけ（56ページ）
かぼちゃのみそ汁
ごはん

根・実の野菜……かたくて噛みつぶせないの

ブロッコリーのオイスターソースソテー

幼児が食べやすいよう、ブロッコリーとパプリカは、指先でつぶせるくらいにやわらかくゆでます。

材料の原寸大

材料 大人2人分と幼児1人分
★赤文字は全体量のうちの幼児1人分の目安量

材料	全体量	幼児1人分
ブロッコリー	120g	20g
パプリカ（赤）	30g	5g
油	小さじ2弱	少量
a オイスターソース	小さじ$\frac{2}{3}$	少量
a しょうゆ	小さじ$\frac{1}{2}$	少量

幼児1人分 21kcal　塩分 0.2g
大人1人分 52kcal　塩分 0.4g

作り方 大人と幼児共通

1 ブロッコリーは小さい小房に切り分け、やわらかくゆでる。パプリカはやわらかくゆでて、皮をむいて5mm角に切る。

2 フライパンに油を熱し、**1**をいためる。混ぜ合わせたaを加え、全体に味をからめる。

幼児 $\frac{1}{6}$量を盛る。

献立ヒント

キスのフライ（53ページ）
豚肉とかぶのスープ（45ページ）
ごはん

れんこんのきんぴら風煮

**れんこんはゆっくり煮ると、
芋のようなやわらかさになり、幼児も噛めるようになります。**

材料 大人2人分と幼児1人分
★赤文字は全体量のうちの幼児1人分の目安量

	れんこん	100g	15g
	にんじん	70g	10g
	ごま油	小さじ1強	少量
	だし	¾カップ弱	大さじ1⅓
a	しょうゆ	小さじ1⅓	少量
a	砂糖	小さじ¼	少量
	すり白ごま	小さじ2	小さじ⅓

幼児１人分 26kcal　塩分 0.2g
大人１人分 77kcal　塩分 0.6g

作り方 大人と幼児共通

1 れんこんとにんじんは２～3㎜厚さのいちょう切りにする。

2 なべにごま油を熱し、**1**をいためる。だしを加え、ふたをして弱火で煮、れんこんがやわらかくなったらaを加え、さらに２～３分煮る。

3 ごまを加え混ぜ、火を止める。

幼児 $\frac{1}{7}$量を盛る。

献立ヒント
メンチカツ（39ページ）
小松菜と油揚げのみそ汁
ごはん

ごぼうと牛肉の煮物

**かたいごぼうは、薄く切って繊維を短くし、
できるだけやわらかく仕上げます。**

材料 大人2人分と幼児1人分
★赤文字は全体量のうちの幼児1人分の目安量

	ごぼう	140g	20g
	牛ももしゃぶしゃぶ用肉	55g	8g
	しょうゆ	小さじ½	少量
	みりん	小さじ⅓	少量
a	だし	¾カップ弱	大さじ1⅓
a	しょうゆ	小さじ⅔	少量
a	砂糖	小さじ⅓	少量

幼児１人分 32kcal　塩分 0.2g
大人１人分 95kcal　塩分 0.5g

作り方 大人と幼児共通

1 ごぼうは厚さ５mmの薄切りにする。２～３分水にさらし、芋のようなやわらかさになるまでゆでる。

2 牛肉は２cm長さの細切りにし、しょうゆとみりんをからめる。

3 なべにaを入れて火にかけ、煮立ったら牛肉を加える。肉の色が変わったらごぼうを加え、ふたをして弱火で煮る。

幼児 1/7量を盛る。

献立ヒント
ニジマスの塩焼き（51ページ）
けんちん汁
ごはん

カリフラワーのクリーム煮

**カリフラワーは余熱で煮くずれることがあるので、
竹串がすっと刺さるくらいになったらすぐ仕上げます。**

材料 大人2人分と幼児1人分
★赤文字は全体量のうちの幼児1人分の目安量

	カリフラワー	120g	15g
	鶏ささ身・玉ねぎ	各40g	各5g
	水	¾カップ強	大さじ1¼
	顆粒ブイヨン	小さじ½	少量
a	調製豆乳	½カップ	大さじ1弱
a	塩	少量	少量
	かたくり粉・水	各小さじ1	各少量

幼児1人分 21kcal　塩分 0.3g
大人1人分 74kcal　塩分 1.1g

作り方 大人と幼児共通

1 カリフラワーは小さい小房に切り分ける。ささ身は薄いそぎ切りにし、玉ねぎは1cm角に切る。

2 なべに水を入れて火にかけ、沸騰したらブイヨン、ささ身、玉ねぎを加え、ふたをして10分ほど煮、カリフラワーを加えてやわらかくなるまで煮る。aを加え、煮立ち始めたら水ときかたくり粉を加え、とろみをつける。

幼児 ⅛量を盛る。

献立ヒント
サケのムニエル（59ページ）
ほうれん草のスープ
ごはん

苦味・辛味のある野菜……刺激のある味にびっくりしちゃう

春菊のごまあえ

クリーム状のごまペーストを使い、
春菊の風味をやわらげます。

材料 大人2人分と幼児1人分
★赤文字は全体量のうちの幼児1人分の目安量

	春菊	120g	15g
a	白ごまペースト	小さじ2	小さじ¼
a	しょうゆ	小さじ1	少量
a	砂糖	小さじ⅓弱	少量

幼児１人分 12kcal　塩分 0.1g
大人１人分 44kcal　塩分 0.5g

作り方 大人と幼児共通

1　春菊はやわらかくゆでて水にとり、水けを絞って1cm長さに切る。

2　aを混ぜ合わせ、春菊をあえる。

幼児 ⅛量を盛る。

献立ヒント

カジキマグロのかき揚げ（58ページ）
玉ねぎとにんじんのみそ汁
ごはん

材料の原寸大

ピーマンと牛肉のいため物

**ピーマンをやわらかめにゆでたり、
牛肉に濃いめの味をつけたりして、苦味をやわらげるようにします。**

材料 大人2人分と幼児1人分
★赤文字は全体量のうちの幼児1人分の目安量

ピーマン		70g	10g
牛ももしゃぶしゃぶ用肉		35g	5g
a	しょうゆ	小さじ½弱	少量
a	酒・みりん	各小さじ⅕	各少量
油		小さじ1強	少量

幼児1人分 19kcal　塩分 0.1g
大人1人分 57kcal　塩分 0.2g

作り方 大人と幼児共通

1 ピーマンは半分に切り、くすんだ緑色になるくらいまでやわらかくゆで、2cm長さのせん切りにする。

2 牛肉は2cm長さのせん切りにし、aをからめて10分ほどおく。

3 フライパンに油を熱し、牛肉を色が変わるまでいため、ピーマンを加えていため合わせる。

幼児 1/7量を盛る。

献立ヒント

イワシの梅煮（50ページ）
金時豆の和風シチュー（68ページ）
ごはん

大根のいためなます

大根は、やわらかくゆでてから調理すると、苦味がやわらいで、幼児が食べやすくなります。

材料 大人2人分と幼児1人分
★赤文字は全体量のうちの幼児1人分の目安量

	大根	120g	20g
	にんじん・サケ水煮缶詰め	各30g	各5g
	油	小さじ2弱	少量
a	しょうゆ	小さじ1強	少量
a	酢	小さじ½強	少量
a	砂糖	小さじ½弱	少量

幼児1人分 26kcal　塩分 0.2g
大人1人分 66kcal　塩分 0.5g

作り方 大人と幼児共通

1　大根とにんじんは長さ2cm、幅8mmの短冊切りにし、やわらかくゆでる。サケは汁けをきってあらくほぐす。

2　フライパンに油を熱し、大根とにんじんをいため、サケを加えてさらにいためる。aを加え、汁けをとばすようにいりつける。

幼児 ⅙量を盛る。

献立ヒント

さつま芋と豚肉の煮物（65ページ）
ほうれん草と麩のみそ汁
ごはん

なすのグラタン

**なすはアクをやわらげるために、
水にさらして油で揚げます。**

材料 大人2人分と幼児1人分
★赤文字は全体量のうちの幼児1人分の目安量

	なす	中2個（180g）	20g
	揚げ油		
	玉ねぎ	135g	15g
	豚ひき肉	90g	10g
	油	小さじ2強	小さじ¼
	小麦粉	大さじ2	小さじ⅔
a	カットトマト水煮缶詰め	270g	30g
a	トマトケチャップ	大さじ1⅕	小さじ½弱
	粉チーズ	大さじ1½	小さじ½
	塩	小さじ½弱	少量

幼児１人分 88kcal　塩分 0.6g
大人１人分 350kcal　塩分 2.4g

作り方 大人と幼児共通

1 なすは皮をむいて1cm角に切り、水にさらす。水けをふき、170℃の油で揚げる。
2 玉ねぎはみじん切りにする。
3 フライパンに油を熱し、玉ねぎを透き通るまでいためる。ひき肉を加え、ほぐしながら色が変わるまでいため、小麦粉を加えて弱火で5分くらいいためる。
4 aを加え、底から混ぜながら火を通し、なす、粉チーズ、塩を加え混ぜる。1/9量を幼児用のグラタン皿に盛り、残りは大人用のグラタン皿に盛る。
5 オーブントースターで5分くらい粉チーズがとけるまで焼く。

献立ヒント
じゃが芋のスクランブルエッグ（80ページ）
青梗菜のスープ
ごはん

おっぱい

伸輔くん（1歳6カ月）のお母さんの表情が日に日にさえなくなっています。咳も1カ月くらい続いている感じです。そろそろ声をかけたほうがよさそうと判断し、「お母さん、お仕事忙しいですか？ 体調がなかなかよくなる暇がありませんね、だいじょうぶですか？」と声をかけました。

すると、「仕事も忙しいのですが、それよりも授乳がたいへんで……」とのこと。最近、夜中の母乳を飲ませる間隔が1時間半おきぐらいに記入されていて、気になっていたところでした。

「たしかに夜中の母乳の回数が多いですね。お母さんも伸輔くんも睡眠不足ですねえ」

「そうなんです。よくないことでしょうが、添い寝しながら勝手に吸わせている状態なんです」

離乳食も順調に進んで、今は幼児と同じメニューを食べているし、体重の増え方も順調なのに、どうして夜中に母乳をこんなに飲ませようとしているのか不思議でした。そのことを尋ねてみたら、意外な理由がありました。

産まれたばかりの伸輔くんを見た祖母から、「この子は足が小さい。足が小さい子はじょうぶに育たない」といわれ、とても気になっていて、少しでも多く母乳を飲ませてじょうぶに育ってもらいたいと必死だったというのです。

母親は、自分の産んだ子どもの命に責任を感じています。もしものことがあったらどうしようという不安いっぱいの日々でがんばってしまうものです。だから、周囲の人がなにげなくいった一言が大きな不安材料になって、育児に反映してしまうことが本当によくあります。

私は、伸輔くんの体重増加はとても順調なので栄養は食事で充分とれていること、このところ朝から機嫌が悪いことが多いのは、睡眠不足が考えられることをお母さんに伝えました。また、“泣いたら母乳”というパターンで接していると、本当の子どもの要求と合ってないこともあり、子どもが不満を感じていることもあると話しました。

「たしかに、はじめは病気になっては困るという思いであげていましたが、だんだん泣くとうるさいので、つい黙らせるために母乳を乱用していたかもしれません」と気づいてくれたお母さん。

「まずは、伸輔くんと10分か20分くらいでいいですから、余分なことはなるべくなにも考えずに遊んであげてください。それだけでだいじょうぶです。たぶん伸輔くんがほしかったのは、お母さんの気持ちが自分に向くことだと思うからです。とりあえずやってみてください」と話しました。

でき過ぎた話のようですが、翌日お母さんが目を潤ませながら次のように報告してくれました。

「いわれたとおりに、本気で20分遊んだら、その後台所に立っても1人で遊んでいてくれて、お風呂に入ってもおっぱいを触りもせず、朝までぐっすり眠りました。魔法にかかったみたいです」

実はこの方法は、別の母子で何度も成功しています。赤ちゃんたちは本当に、お母さんの心を読む天才です。

肉のおかず

肉は繊維がかたいため、かたまり肉など、歯が生えそろっていないと食べるのが難しいものもあります。肉は使う大きさや種類を選びましょう。

幼児が食べやすい肉は、ひき肉、鶏肉、牛・豚薄切り肉です。それぞれ調理のくふうと料理を紹介します。

肉の調理

肉は繊維がかたいので、子どものあごの力でかたまりの肉を噛むのは難しいですし、薄切り肉でも噛み切るのはたいへんです。肉は、子どもの様子を見ながら、使う大きさや種類を選びましょう。

ひき肉（鶏肉・豚肉・牛肉）

ひき肉は、そのまま火を通すとぽろぽろして小さくかたいので、子どもには食べにくいものです。二度びきの肉を使うか、とろみをつけると、食べやすくなります。

また、ひき肉につなぎを加えると、やわらかく食べやすくなります。つなぎとしては、パン粉・かたくり粉・卵・水・いためた玉ねぎ・すりおろした玉ねぎなどを加えます。

加えるパン粉の分量は、肉の重量の10％くらいの量です。丸めて洋風、和風、中華風のさまざまな料理に使えますし、子どもの歯の生えぐあいや噛む力に合わせて、かたさや大きさを変えられます。

薄切り肉（牛肉・豚肉）

薄切り肉でも、さまざまな厚みのものがあります。歯の生えぐあい、噛む力によって、しゃぶしゃぶ用のごく薄いものからふつうの薄切りのものを、使い分けるとよいでしょう。

切り方は１㎝角か１～２㎝長さの細切りにしますが、切ったあとに酒やみりんなどの調味料をまぶして、しばらくおいてから調理すると、やわらかくなります。

鶏ささ身

他の肉に比べてやわらかい肉ですが、噛んだときにすぐほぐれやすいよう、繊維が短くなるように切ることがポイントです。

ささ身はまな板に対して横に長く置き、薄く切るか、そぎ切りにします。厚さについては、子どもの歯の生えぐあいや噛む力に合わせます。

切ったあと、酒やみりんなどの調味料をまぶしておくと、やわらかく仕上がります。

鶏レバー

火を通してもやわらかく、牛や豚のレバーに比べて臭みが弱いので、子どもにも食べやすいものです。

調理するときは、薄く切り、水洗いして血をよくとり除き、中濃ソースなどの調味料に漬けて臭みをやわらげると、おいしくなります。焼いたり、から揚げなどもよいでしょう。

角切り肉　厚切り肉　鶏もも肉　鶏胸肉

牛や豚の角切り・厚切りの肉は、どちらも噛む力の弱い子どもが食べるのは、難しい肉です。やわらかく煮込んでも、繊維が長いので、飲み込みにくいためだと思われます。

鶏肉はやわらかいので、もも肉や胸肉は繊維を短く切るように薄切りにし、酒やみりんをまぶしてやわらかく仕上げれば食べやすくなります。

ひき肉……かたくてぽろぽろして食べにくいの

つくね団子の揚げ煮

**鶏ひき肉にパン粉、おろし玉ねぎ、卵を加えると、
つくねがやわらかく仕上がります。**

材料 大人2人分と幼児1人分
★赤文字は全体量のうちの幼児1人分の目安量

a	鶏ひき肉	200g	20g
a	おろし玉ねぎ	100g	10g
a	しょうゆ	小さじ2	少量
a	パン粉	½カップ	小さじ2
a	とき卵	1個分	5g
a	水	大さじ2	小さじ½強
	かたくり粉	大さじ2	小さじ½強
	揚げ油		
	パプリカ(赤)・パプリカ(黄)	各50g	各5g
	ピーマン	30g	3g
b	だし	½カップ強	大さじ1
b	しょうゆ	小さじ⅓	少量
b	砂糖	小さじ⅓弱	少量
b	塩	少量	少量

幼児1人分 77kcal　塩分 0.4g
大人1人分 346kcal　塩分 1.6g

作り方 大人と幼児共通

1 パプリカとピーマンはやわらかくゆで、パプリカは皮をむく。それぞれ細かく刻む。

2 パン粉は混ぜ合わせたとき卵と水でふやかし、aの残りの材料と合わせてよく混ぜ、直径2cmの団子を30個作る。かたくり粉をつけ、180℃の油で揚げる。

3 なべにbを入れて火にかけ、煮立ったら1、2を加え、とろみがつくまで煮る。

幼児 ⅒量を盛る。

献立ヒント

カリフラワーの酢みそあえ (113ページ)
ねぎと豆腐のすまし汁
ごはん

材料の原寸大

メンチカツ

牛ひき肉につなぎのパン粉や卵を加えてまとめ、やわらかく食べられるようにしています。

材料 大人2人分と幼児1人分

★赤文字は全体量のうちの幼児1人分の目安量

	材料	全体量	幼児1人分
a	牛ひき肉	200g	25g
a	玉ねぎ	120g	15g
a	油	小さじ1強	1g
a	パン粉	½カップ強	大さじ1
a	とき卵	½個分	3g
a	水	大さじ2弱	小さじ½強
a	塩	小さじ⅕弱	少量
	小麦粉	大さじ1強	小さじ⅓
	とき卵	½個分	5g
	パン粉	¾カップ弱	大さじ1
	揚げ油		
	トマトケチャップ	大さじ1½強	小さじ½強
	中濃ソース	大さじ1⅓	小さじ½

幼児1人分 141kcal　塩分 0.5g
大人1人分 498kcal　塩分 1.9g

作り方 大人と幼児共通

1 玉ねぎはみじん切りにし、油を熱したフライパンで、透き通るまでいためる。

2 パン粉は混ぜ合わせたとき卵と水でふやかし、**1**、aの残りの材料と合わせてよく混ぜる。⅛量を幼児用にとり分け、小判型にまとめる。残りは大人用に、4等分して小判型にまとめる。

3 それぞれ小麦粉、とき卵、パン粉をつけ、180℃の油で揚げる。

幼児 幼児用のメンチカツを盛り、ケチャップとソースを混ぜ合わせ、⅛量をかける。

献立ヒント

プチトマト、ゆでブロッコリー（つけ合わせ）
じゃが芋のタラコ煮（64ページ）
厚揚げと小松菜のみそ汁
ごはん

肉団子の煮込み

豚ひき肉にパン粉、卵などのつなぎを加え、やわらかい肉団子にしています。

材料 大人2人分と幼児1人分
★赤文字は全体量のうちの幼児1人分の目安量

	材料	全体量	幼児1人分
a	豚ひき肉	200g	25g
a	ねぎのみじん切り	40g	5g
a	パン粉	½カップ強	大さじ1
a	とき卵	½個分	3g
a	水	大さじ2⅔	小さじ1
a	すり白ごま	小さじ1強	少量
a	塩	小さじ⅓	少量
	白菜	120g	15g
	春雨	乾8g	1g
	干ししいたけ	乾4g	0.5g
	水	1カップ	大さじ1⅔
	顆粒ブイヨン	小さじ1強	少量
b	ごま油	小さじ2弱	少量
b	しょうゆ	小さじ⅔	少量

幼児1人分 91kcal　塩分 0.6g
大人1人分 319kcal　塩分 2.2g

作り方 大人と幼児共通

1 白菜は葉と軸に切り分け、葉は2cm角、軸は1cm角に切る。春雨はかぶるくらいの熱湯に3～4分つけてもどし、水洗いして1cm長さに切る。しいたけは水につけてもどし、軸を除いてみじん切りにする。

2 パン粉は混ぜ合わせたとき卵と水でふやかし、aの残りの材料と合わせてよく混ぜる。直径2cmの団子を32個作る。

3 なべに水を入れて火にかけ、煮立ったらブイヨン、**2**、白菜、しいたけを加える。ふたをして弱火で煮、白菜がやわらかくなったら、春雨、bを加え、5分ほど煮る。

幼児 ⅛量を盛る。

献立ヒント
春菊のごまあえ（30ページ）
かぶのみそ汁
ごはん

ミートローフ

中に入れる野菜も、つなぎを加えた肉と同じくらいのやわらかさにゆでると、かたさに差がなく、食べやすくなります。

材料 大人2人分と幼児1人分
★赤文字は全体量のうちの幼児1人分の目安量

a	牛豚ひき肉	200g	25g
a	さやいんげん	4本	5g
a	にんじん	25g	3g
a	冷凍コーン	⅕カップ	4g
a	玉ねぎ	80g	10g
a	ベーコン	20g	2.5g
a	油	小さじ2	1g
a	パン粉	½カップ強	大さじ1
a	とき卵	小½個	3g
a	水	大さじ2強	小さじ1
	うずら卵（水煮）	8個	1個
	ケチャップ	大さじ1⅔強	小さじ½強
	中濃ソース	大さじ1⅓	小さじ½

幼児1人分 125kcal　塩分 0.5g
大人1人分 438kcal　塩分 1.6g

作り方 大人と幼児共通

1 さやいんげんはやわらかくゆで、5mm幅に切る。にんじんは5mm角に切り、やわらかくゆでる。パン粉は混ぜ合わせたとき卵と水でふやかす。

2 玉ねぎはみじん切りにし、ベーコンはあらみじんに切る。フライパンに油を熱し、玉ねぎとベーコンをいため、玉ねぎが透き通ったら火を止め、さます。

3 1、2、aの残りの材料をよく混ぜ合わせる。クッキングシートの上に、約18×15cmに広げのせ、中央にうずら卵を縦に並べる。シートの両端を持ち上げ、肉で卵を包みながら巻く。シートで包んだ上から、さらにアルミホイルでしっかり包む。

4 オーブントースターで15分焼く。竹串をさして透明の液が出れば焼きあがり。

幼児 ⅛量を盛り、ケチャップとソースを混ぜ合わせ、⅛量をかける。

献立ヒント

マッシュポテト
コーンポタージュ（83ページ）
ごはん
りんご⅙個

鶏肉　牛・豚薄切り肉……かたくて噛み切りにくいの

鶏ささ身のごまみそあえ

鶏ささ身は、繊維が短くなるように薄く切ります。

材料 大人2人分と幼児1人分
★赤文字は全体量のうちの幼児1人分の目安量

		全体量	幼児1人分
	鶏ささ身	70g	10g
	酒	小さじ1弱	少量
	大根	70g	10g
	ほうれん草	35g	5g
a	みそ	大さじ½	少量
a	白ごまペースト	小さじ2弱	小さじ¼
a	砂糖	小さじ⅓	少量

幼児１人分 25kcal　塩分 0.2g
大人１人分 74kcal　塩分 0.5g

作り方 大人と幼児共通

1　ささ身は筋を除き、横に長く置いて薄く切り、酒をまぶして10分ほどおく。沸騰湯でゆで、さめたらあらくほぐす。

2　大根は薄い半月切りにし、やわらかくゆでて、2cm長さのせん切りにする。ほうれん草はやわらかくゆでて、1cm長さに切る。

3　aをよく混ぜ合わせ、**1**、**2** をあえる。

幼児 ⅐量を盛る。

献立ヒント
白身魚の煮つけ（55ページ）
小松菜と厚揚げのすまし汁
ごはん

材料の原寸大

鶏肉の照り焼き

鶏肉は薄いそぎ切りにすると、食べやすくなります。
薄いので、焼くときは大人用の肉より先に火が通ります。

材料 大人2人分と幼児1人分
★赤文字は全体量のうちの幼児1人分の目安量

	鶏胸肉	210g	30g
	酒	小さじ2	少量
	じゃが芋	140g	20g
	にんじん・ブロッコリー	各100g	各15g
	油	大さじ1強	小さじ½
a	しょうゆ	大さじ2弱	小さじ1弱
a	みりん	大さじ1弱	小さじ⅓強
a	水	大さじ1⅓	小さじ½強

幼児1人分 106kcal　塩分 0.8g
大人1人分 319kcal　塩分 2.4g

作り方 大人と幼児共通

1 鶏肉は、幼児用は幅4cmの薄いそぎ切りにし、大人用は一口大に切る。それぞれ酒をまぶしておく。

2 じゃが芋とにんじんは、長さ5cm、5mm角の拍子切りにし、やわらかくゆでる。ブロッコリーは小さい小房に切り分け、やわらかくゆでる。

3 フライパンに油を熱し、鶏肉の両面を焼いて中まで火を通し、とり出す。同じフライパンにaを煮立て、鶏肉と野菜を加え、味をからめる。

幼児 1/7量を盛る。

献立ヒント
いんげん豆のトマト煮（66ページ）
キャベツと油揚げのみそ汁
ごはん

牛肉と豆腐のオイスターソース煮

牛肉は噛み切りにくいので、しゃぶしゃぶ用を使い、酒などの調味料をまぶしてやわらかく仕上げます。

材料 大人2人分と幼児1人分

★赤文字は全体量のうちの幼児1人分の目安量

	材料	分量	幼児
	牛ももしゃぶしゃぶ用肉	100g	15g
a	酒	小さじ2	少量
a	しょうゆ	小さじ1	少量
a	みりん	小さじ½	少量
	豆腐	280g	40g
	えのきたけ	100g	15g
	ねぎ	35g	5g
	水	1¼カップ弱	大さじ2⅓
	顆粒ブイヨン	小さじ⅔	少量
b	オイスターソース	小さじ1	少量
b	しょうゆ	小さじ⅓	少量
	かたくり粉・水	各小さじ1	各少量

幼児1人分 68kcal　塩分 0.4g
大人1人分 203kcal　塩分 1.2g

作り方 大人と幼児共通

1 牛肉は1cm角に切り、aをまぶしておく。豆腐は1cm角に切り、ざるにあげて水けをきる。えのきとねぎは、1cm長さに切る。

2 なべに水を入れて火にかけ、煮立ったらブイヨン、牛肉、えのき、ねぎを加え、ふたをして弱火で煮、ねぎがやわらかくなったらbで調味する。

3 豆腐を加え、火が通ったら、水ときかたくり粉を加えてとろみをつける。

幼児 1/7量を盛る。

献立ヒント

玉ねぎの卵とじ（81ページ）
じゃが芋のみそ汁
ごはん

材料の原寸大

豚肉とかぶのスープ

豚肉は、酒をまぶしてしばらくおくと、やわらかく仕上がります。

材料 大人2人分と幼児1人分

★赤文字は全体量のうちの幼児1人分の目安量

［豚ももしゃぶしゃぶ用肉	90g	10g
酒	小さじ2弱	少量
かぶ	140g	15g
にんじん	70g	8g
水	2½カップ	½カップ
顆粒ブイヨン	小さじ2弱	小さじ⅓
塩	少量	少量
［かたくり粉・水	各小さじ1½弱	各小さじ⅓弱

幼児1人分 30kcal　塩分 0.7g
大人1人分 109kcal　塩分 1.5g

作り方 大人と幼児共通

1 豚肉は1cm角に切り、酒をまぶして10分ほどおく。かぶは1cmの角切りにし、にんじんは5mmの角切りにする。

2 なべに水を入れて火にかけ、煮立ったらブイヨン、豚肉、にんじんを加え、ふたをして弱火で煮る。にんじんがやわらかくなったら、かぶを加え、やわらかくなるまで煮、塩で味をととのえて、水ときかたくり粉でとろみをつける。

幼児 スープの具は⅑量、汁は⅕量を盛る。

献立ヒント

サケのムニエル（59ページ）
里芋とエビの煮物（67ページ）
ごはん

親子でカルチャーショック？

新しく入室してきた志保ちゃん（１歳３カ月）が、初めてナースリールームで食事をする日です。家庭と調理形態や味などに大きく差があると困るので、都合がつけば、初めは保護者に食べさせてもらって様子を見ていただくことにしています。

志保ちゃんは、家庭で食事をするときには、お料理好きのお父さんが食事の担当をしているということで、お父さんがその日も食べさせてくれることになりました。

ちょうど志保ちゃんと同じ１歳の美奈ちゃんも食事の時間になっていたので、志保ちゃんはお父さん、美奈ちゃんは保育者が並んで食べさせることになりました。お父さんは、志保ちゃんに話しかけながらひとさじずつていねいに口にスプーンを運んでいました。

一方、保育者が食べさせている美奈ちゃんはというと、保育者が介助をしようとすると怒った声を出して嫌がる時期に入っていたので、その気持ちを尊重しているために、ほとんどの物を手づかみで自分のペースで食べていました。ですから、美奈ちゃんのテーブルはこぼれた物も散乱して、にぎやかです。

志保ちゃんは静かにおとうさんと食べ進めていましたが、時折食べるのを止めてお隣りで派手に手づかみで食べている美奈ちゃんを見つめていました。

「志保は、お家でも、いつも作ったものを全部きれいに食べてくれるんだよねえ」とお父さんがうれしそうに、そして、心なしか自慢そうにつぶやきました。保育者は、「今、美奈ちゃんは自分で食べるおもしろさに気づいたようなので、多少こぼしても、美奈ちゃんのやる気を尊重して任せているところなのですが、やがてじょうずにひとりで食べることができるようになっていくのですよ」と美奈ちゃんの名誉のために解説をしておきました。

ところがその日の夜、志保ちゃんの家で初めての出来事がありました。自宅でいつものようにお父さんが食事をあげようとすると、珍しいことに志保ちゃんが口をあけようとしなかったのです。スプーンを口元に持っていこうとすると、手で払いのけるのです。

お父さんご自慢の食欲旺盛な志保ちゃんに、いったい何が起こったのか、お父さんは心配しました。体調が悪いことは考えられなかったので、それ以外でいつもと違ったことは……？　と原因を探ったときに、日中のナースリールームでの食事のシーンを思い出したというのです。

「もしかして、ナースリーのお友達みたいに自分で食べたいのか？」と尋ねながら、食器を志保ちゃんの手の届くところに置いてあげると、すぐに手を伸ばして、手づかみで食べ始めたというのです。

翌日そのときの様子を話しながら、お父さんがこんな本音ももらしてくださいました。

「美奈ちゃんがべとべとにこぼして食べている様子を見たときに、自分の方が先生より食べさせるのがうまい！　と思っていたんです。でも、志保に気づかされました。自分で食べたかったのですね」と。

魚のおかず

魚は身がやわらかく、好む子どもが多い食品ですが、幼児は自分で骨をとることができませんので、大人がていねいに除きましょう。魚を、一尾まるごと調理する魚と、切り身の魚に分けて、それぞれ食べやすくする調理のくふうと料理を紹介します。

魚の調理

　魚の身は、やわらかく食べやすいですし、好む子どもも多く見られます。

　気をつけたいのは、骨をていねいにとり除くことです。魚の骨が口に入って不快な思いをしたために、魚を敬遠することがよくあります。生の状態で除けるものは除き、食べるときは、ほぐしながら身の中の骨も除きましょう。

　また魚の身は、品種により、やわらかいものとかたいものがありますので、身のかたさによって、食べやすい調理の方法が異なります。

　身がやわらかい魚は、調理後、口に入る大きさのかたまりにほぐせばよいのですが、身のかたい魚は食べにくいので、とろみをつけるなど調理上のくふうが必要になってきます。

　魚を下処理するときは、よく水洗いして血液をとり除いたり、酒などの調味料を利用して、生臭みをやわらげることもたいせつです。

まるごと食べる魚（身と骨がやわらかいもの）

ワカサギ・シシャモ・キビナゴ・カタクチイワシなど

　まるごとフライやから揚げにすると、歯が生えそろうころには食べられます。骨が気になる子ど

もや、歯が生えそろわない子どもには、ていねいに身をはずして骨をとり除きます。

まるごと調理する魚
（身はやわらかいが骨がかたいもの）

小アジ・イワシ・カマス・ニジマスなど

まるごと揚げたり、煮たり、焼いたりしますが、食べるときは骨から身をはずして、子どもの一口くらいの大きさにします。それでも飲み込みにくいようなら、一口の量を少なくしてみます。

切り身魚（身がやわらかいもの）

サバ・サワラ・タラ・カレイ・サケ・スズキ・メダイなど

サバとサワラの独特の風味は、みそやしょうゆ、みりんで味つけするとやわらいで、食べやすくなります。タラは繊維がしっかりしているので、小さく切って下味をつけて、から揚げにしたり、あんかけにしたりすると食べやすいでしょう。

カレイは煮ると身がやわらかく、食べやすいのですが、骨がかたいので、ていねいにとり除きます。サケ・スズキ・メダイは、くせのない味なので、子どもには食べやすい魚です。

切り身魚（身がかたいもの）

ブリ・カツオ・カジキマグロなど

ブリとカツオはどちらも身がかたく、噛んでもほぐれにくい上に、独特の風味があるので、子どもが食べるのは難しい魚です。カジキマグロはくせのない味ですが、身がかたいので、小さく切ってかき揚げにすると食べやすくなります。

まるごと調理する魚……小さな骨も気になるの

イワシの梅煮

イワシはよく水洗いして血液をとり除くと、生臭さが減らせます。

材料の原寸大

材料 大人2人分と幼児1人分
★赤文字は全体量のうちの幼児1人分の目安量

		全体量	幼児1人分
	真イワシ	3尾	½尾
	酢・酒	各¼カップ	各大さじ½
a	水	¼カップ	大さじ½
a	梅干し（種は除く）	1個	少量
a	しょうがの薄切り	2枚	少量
a	しょうゆ	大さじ1	小さじ½
a	みりん	大さじ½	小さじ¼
a	砂糖	小さじ1強	少量

幼児１人分 64kcal　塩分 0.4g
大人１人分 160kcal　塩分 1.0g

作り方 大人と幼児共通

1　イワシは頭と内臓を除き、水洗いして4つに筒切りにする。

2　なべにイワシを並べ、酢と酒を加えて煮立て、中火で10〜15分ほど煮る。aを加え、煮立ったら落としぶたをし、弱めの中火で15分ほど煮る。

幼児 2切れを盛る。イワシは小骨が多いので、ていねいにとり除いて与える。

献立ヒント
ほうれん草の白あえ（23ページ）
豚汁
ごはん

ニジマスの塩焼き

ニジマスやサンマなど、尾頭つきの焼き魚は、あらくほぐして骨をていねいに除きます。

材料 大人2人分と幼児1人分

★赤文字は全体量のうちの幼児1人分の目安量

ニジマス	3尾（450g）	½尾
塩	小さじ½強	少量

幼児１人分 95kcal　塩分 0.7g
大人１人分 238kcal　塩分 1.6g

作り方 大人と幼児共通

1 ニジマスはうろこと内臓を除き、塩（分量外）で皮めをこすってぬめりをとる。水洗いして、水けをふく。

2 両面に3本ずつ切り目を入れて塩をふり、強火のグリルで５～10分ほど焼く。

幼児 ½尾分をほぐして盛る。

献立ヒント

なすのグラタン（33ページ）
オクラのみそ汁
ごはん

アジのレモンマリネ

魚もおろしてあれば、骨の心配がありません（小骨が残っていることがあるので注意）。アジは表面がかたくならないように、火が通ったらすぐ油から出すようにします。

材料 大人2人分と幼児1人分
★赤文字は全体量のうちの幼児1人分の目安量

	アジの三枚おろし	210g	35g
	塩	小さじ⅕	少量
	小麦粉	大さじ1⅓	2g
	揚げ油		
マリネ液	にんじん・パプリカ（黄）	各30g	各5g
マリネ液	ピーマン	18g	3g
マリネ液	湯	¼カップ	少量
マリネ液	顆粒コンソメ	小さじ⅓弱	少量
マリネ液	塩	少量	少量
マリネ液 a	レモン汁	1個分	少量
マリネ液 a	ローリエ	1枚	
マリネ液 a	砂糖	小さじ1	少量

幼児１人分 73kcal　塩分 0.4g
大人１人分 183kcal　塩分 1.0g

作り方 大人と幼児共通

1 にんじんは薄切りにしてやわらかくゆで、2cm長さのせん切りにする。パプリカとピーマンはやわらかくゆで、パプリカは皮を除く。それぞれ2cm長さのせん切りにする。

2 湯にコンソメ、塩を加えてとかし、さめたらaと**1**を加え混ぜる。（マリネ液）

3 アジは横半分に切り、塩をふって5分ほどおく。小麦粉をまぶし、180℃の油で色よく揚げ、油をきる。

4 アジが熱いうちにマリネ液につけ、全体を混ぜ合わせる。

幼児 野菜は⅙量を盛り、アジは２切れを盛る。

献立ヒント

高野豆腐の卵とじ（110ページ）
コーンポタージュ（83ページ）
ごはん

キスのフライ

**キスはおろしてあっても、
念のため、骨がないかていねいに見ましょう。**

材料 大人2人分と幼児1人分
★赤文字は全体量のうちの幼児1人分の目安量

キスの三枚おろし	200g	30g
塩	小さじ⅓弱	少量
小麦粉	大さじ1½	小さじ⅔
とき卵	小½個分	3g
パン粉	½カップ	小さじ2
揚げ油		

幼児１人分 74kcal　塩分 0.3g
大人１人分 212kcal　塩分 0.8g

作り方 大人と幼児共通

1 キスは半身に切り分け、さらに横半分に切り、塩をふって５分ほどおく。ペーパータオルで水けをふき、小麦粉、とき卵、パン粉の順につける。

2 180℃の油で衣がきつね色になるまで揚げる。

幼児 4個を盛る。

大人 レモン（分量外）をしぼりかけて食べる。

献立ヒント
ひじきのサラダ（72ページ）
カレー風味のクリームシチュー（84ページ）
ごはん

シシャモの衣揚げ

歯が生えそろうころであれば、まるごと食べられます。この衣は、卵やベーキングパウダーを加えてあり、ふわっとやさしい口あたりに揚がります。

材料 大人2人分と幼児1人分
★赤文字は全体量のうちの幼児1人分の目安量

	材料	分量	幼児1人分
	シシャモ	9尾(180g)	1尾(20g)
a	小麦粉	大さじ2½	小さじ1弱
a	乾燥パセリ	大さじ2	少量
a	かたくり粉	大さじ1弱	少量
a	ベーキングパウダー	小さじ1	少量
	とき卵	½個分	3g
	水	¼カップ	小さじ1強
	油	大さじ½	少量
	揚げ油		

幼児1人分 129kcal　塩分 0.4g
大人1人分 516kcal　塩分 1.4g

作り方 大人と幼児共通

1 aを混ぜ合わせる。混ぜ合わせたとき卵と水、油を加え、粉っぽさがなくなるまで混ぜ合わせる。

2 **1**をシシャモにつけ、180℃の油でうすく焦げ色がつくまで揚げる。

幼児 1尾を盛る。奥歯が生えそろっていない幼児には、骨から身をはずして、あらくほぐして与える。

献立ヒント
大根のいためなます（32ページ）
金時豆の和風シチュー（68ページ）
ごはん

切り身魚……パサパサして飲み込みにくいの

白身魚の煮つけ

煮魚には、スズキ、カラスガレイのほか、メダイ、メルルーサなど身がやわらかい魚を使うと、食べやすくなります。

材料 大人2人分と幼児1人分
★赤文字は全体量のうちの幼児1人分の目安量

白身魚（スズキ、カラスガレイなど）
……2切れ（210g） 30g

a	水	½カップ	大さじ1弱
	酒	¼カップ	小さじ1強
	しょうゆ	小さじ2	少量
	みりん	小さじ1弱	少量

幼児1人分 45kcal 塩分 0.3g
大人1人分 113kcal 塩分 0.7g

作り方 大人と幼児共通

1 白身魚は2切れのうち、それぞれ⅓量ずつ幼児用に切り分ける。

2 なべにaを入れて火にかけ、煮立ったら白身魚を並べる。ふたをして中火にし、ときどき煮汁を魚にかけながら煮る。

幼児 切り分けた2切れを盛る。

献立ヒント

マーボーなす（112ページ）
豚汁
ごはん

タラの野菜あんかけ

**身がかたいタラを食べやすくするために、
あんのとろみは濃いめにします。**

材料 大人2人分と幼児1人分
★赤文字は全体量のうちの幼児1人分の目安量

タラ（生）	2切れ（210g）	30g
塩	小さじ$\frac{1}{5}$強	少量
油	大さじ1強	小さじ$\frac{1}{2}$
もやし	70g	10g
ほうれん草・にんじん・玉ねぎ	各35g	各5g
だし	1カップ弱	大さじ1$\frac{2}{3}$
a しょうゆ	小さじ1弱	少量
a 砂糖	小さじ$\frac{1}{3}$	少量
a 塩	少量	少量
かたくり粉・水	各小さじ1	各少量

幼児1人分 49kcal　塩分 0.4g
大人1人分 148kcal　塩分 1.3g

作り方 大人と幼児共通

1 タラは2切れのうち、それぞれ$\frac{1}{7}$量ずつ幼児用に切り分け、塩をふる。

2 フライパンに油を熱し、タラを並べ、ふたをして中火で両面を焼いて中まで火を通す。幼児用と大人用をそれぞれ別の皿に盛る。

3 もやしはひげ根を除き、1cm長さに切る。ほうれん草はやわらかくゆでて1cm長さに切る。にんじん、玉ねぎはそれぞれ2cm長さのせん切りにする。

4 なべにだし、もやし、にんじん、玉ねぎを入れ、ふたをして野菜がやわらかくなるまで煮る。ほうれん草を加え、煮立ったらaで調味し、水ときかたくり粉でとろみをつける。

幼児 $\frac{1}{7}$量を幼児用のタラにかける。

献立ヒント
れんこんのきんぴら風煮 （27ページ）
じゃが芋とわかめのみそ汁
ごはん

材料の原寸大

サワラのねぎみそ焼き

サワラは酒、みりんなどの調味料で下味をつけるので、身がしっとりして食べやすくなります。飲み込みにくいようであれば、細かくほぐしたり、水ときかたくり粉でとろみをつけます。

材料 大人2人分と幼児1人分
★赤文字は全体量のうちの幼児1人分の目安量

	材料	分量	幼児1人分
	サワラ	2切れ(210g)	30g
a	ねぎのみじん切り	35g	5g
a	すり白ごま	小さじ2½	小さじ⅓
a	酒	大さじ½	少量
a	みそ	小さじ1⅓	少量
a	みりん	小さじ⅔	少量
	油	大さじ1強	小さじ½弱

幼児1人分 81kcal 塩分 0.2g
大人1人分 243kcal 塩分 0.6g

作り方 大人と幼児共通

1 サワラは2切れのうち、それぞれ½量ずつ幼児用に切り分ける。

2 aを混ぜ合わせ、サワラに塗りつけて5分ほどおく。

3 フライパンに油を熱し、サワラを並べ、ふたをして弱火で両面を焼いて、中まで火を通す。

幼児 切り分けた2切れを盛る。

献立ヒント
ゆでブロッコリー
れんこんのきんぴら風煮（27ページ）
豚肉とかぶのスープ（45ページ）
ごはん

カジキマグロのかき揚げ

カジキマグロは身がかたいので、小さく切ってさつま芋やねぎとともにかき揚げにすると、しっとりして歯切れがよくなり、食べやすくなります。

材料 大人2人分と幼児1人分
★赤文字は全体量のうちの幼児1人分の目安量

カジキマグロ	2切れ（210g）	30g
a しょうゆ・酒	各小さじ1	各少量
a 塩	小さじ⅕	少量
さつま芋	50g	10g
ねぎ	25g	5g
とき卵	1個分	7g
小麦粉	1カップ弱	大さじ1½
揚げ油		

幼児１人分 232kcal　塩分 0.3g
大人１人分 695kcal　塩分 0.9g

作り方 大人と幼児共通

1 カジキマグロは1㎝角に切り、aをまぶして5分ほどおく。さつま芋は1㎝角に切って1、2分水にさらし、水けをふく。ねぎは薄い小口切りにする。

2 とき卵は水（分量外）と合わせて1カップにし、小麦粉と合わせて泡だて器で軽く混ぜる。汁けをふいたカジキマグロ、さつま芋、ねぎを加え混ぜる。

3 170℃に熱した油に、**2**をスプーンですくっては落とし入れる。衣がかたまってきたら、上下を返し、温度を180℃にして揚げる。

幼児 3個を盛る。

献立ヒント
カリフラワーのクリーム煮（29ページ）
ほうれん草と油揚げのみそ汁
ごはん

材料の
原寸大

サケのムニエル

サケはムニエルにすると、油を含んでしっとりするので、食べやすくなります。皮は噛み切れないので、除きます。

材料 大人2人分と幼児1人分
★赤文字は全体量のうちの幼児1人分の目安量

生ザケ	2切れ（210g）	30g
塩	小さじ⅕強	少量
小麦粉	小さじ2強	小さじ⅓
油	大さじ1弱	小さじ½
バター	小さじ1弱	少量
かたゆで卵	小1個	10g
マヨネーズ	大さじ1弱	小さじ½

幼児１人分 90kcal　塩分 0.3g
大人１人分 242kcal　塩分 0.7g

作り方 大人と幼児共通

1 サケは2切れのうちそれぞれ⅐量ずつ幼児用に切り分け、皮を除いて塩をふる。

2 小麦粉をまぶし、油を熱したフライパンに並べる。半分くらい火が通ったら、裏返してバターを加え、中に火が通るまで焼く。

3 ゆで卵はフォークで細かくほぐし、マヨネーズと混ぜ合わせる。

幼児 幼児用のサケを盛り、**3**を⅕量かける。

献立ヒント

アスパラとにんじんのソテー
青梗菜のシラスあえ（24ページ）
里芋とねぎのみそ汁
ごはん

想像力と食欲

ナースリールームの子どもたちが、庭で思い思いに遊んでいて、昼食の時間が近づいてきました。今日は、おひなさまの特別メニューなので、担任の香織先生が「そろそろお腹がすいてきたね、ごはんにしようか？　今日は特別なごちそうだから、早くお部屋に入って用意しなくちゃね」とみんなに声をかけました。

すると２歳児の子どもたちが香織先生の言葉を聞いて、ひとりふたりと遊びを切り上げて保育室に戻り始めました。

ところが、翔士くん（２歳８カ月）だけが、“我関せず”の雰囲気で遊び続けています。香織先生が何度も声をかけたのですが、まるで聞こえないかのように自分の遊びに夢中です。

みんなのお世話もあるし、行事食なのでいろいろな準備もあり、香織先生は「翔ちゃん、早く戻ってきてね、みんな待ってるからね」と翔士くんにいい残してその場を離れました。

「みんなそろったかしら？」と私が声をかけると、香織先生が「まだ翔ちゃんが庭で遊んでいて、いくら呼んでも来ないんです」とのこと。どれどれ、なにをそんなに楽しんでいるのかと園庭に見に行くと、翔士くんは自分ひとりだけが庭に残って遊んでいるとは気づいていないかのように、園庭を歩き回って楽しそうにしていました。私が窓から顔を出して、翔士くんに声をかけました。

「ねえ、翔ちゃん！　今日のごはんはね、黄色いお芋と緑色のブロッコリーとオレンジ色のにんじんと茶色のお肉と真っ赤なトマトだって!!」

すると翔士くんの足がピタリと止まり、「ん？……ああっ！　食べる食べる!!」と急に走り出して保育室に戻ってきたかと思うと、先に戻っていた子どもたちを追い越して、さっさと手を洗ってさっさとエプロンをつけて、結果的には一番にテーブルに着いていました。

私はこのときになにを考えたかというと、今を楽しんでいる翔士くんの想像の世界に、色を入れてみたのです。「特別なお料理」という言葉だけではなにも見えないけれども、色なら想像できるのでは？と考え、翔士くんの想像力に期待して、しかけてみたのです。

そうしたらやっぱり予想通り、翔士くんには、緑色のブロッコリーや真っ赤なトマトや黄色いお芋が目の前に浮かんだのでしょう。だからすぐに、「そういうことか！」と食欲がそそられて食べたくなり、食べるためにはなにをすべきかを知っていて、すぐに実行したというわけです。

翔士くんに限らず、子どもたちはいつも今に生きていますので、なかなか先を見通した行動ができないのは当然なのです。

大人はたくさんの経験を積んでいるので、先にどんなことがあるのか想像もできます。だから子育てをしている時にも、先のことを考えてしまい、ついつい急ぎがちで、「どうして!?」と怒ってしまうことが多いのです。子どもに見えやすい、理解しやすい伝え方も大事ですね。

豆・芋・海藻・きのこのおかず

ほっくりとおいしい豆・芋類ですが、唾液の量が少ない幼児には、粉っぽかったり、ねっとりして飲み込みづらかったりします。また、海藻やきのこは、繊維がかたく、噛むのが難しい食品です。
これらの食材について、それぞれ食べやすくする調理のくふうと料理を紹介します。

豆・芋・海藻・きのこの調理

豆や芋は火を通すとやわらかくなりやすいのですが、種類、品種、含まれる水分の量により、ほくほくと粉っぽい状態に仕上がるときと、ねっとりとした状態に仕上がるときがあります。

粉っぽいと、むせやすくなりますし、ねっとりしていると、噛んでいるうちに団子状になり、噛みにくくなってしまいます。

海藻は、こんぶやわかめなどのように、薄くてかたいので噛みにくいですし、きのこはどれも繊維がかたくて、その上ほぐれにくいので、噛むのが難しい食品です。

それでは、どのように調理すれば食べやすくなるのでしょうか。子どもに食べやすい調理方法を紹介します。

豆

どの豆も、煮くずれるくらいやわらかく煮て、煮汁とともに食べられるように仕上げると、むせたり、豆が団子状になったりせず、食べやすくなります。煮るときは煮汁を多めにして弱火で煮ると、煮汁を多めに残して仕上げられるでしょう。

この本のレシピでは、缶詰めの蒸し豆を使っています。蒸し豆は、大人向きのやわらかさになっていますが、さらに火を通すと、子どもが食べやすいやわらかさになります。のどに詰まらせることを防ぐために、豆が煮くずれないときは、かならず一粒を半分に切るようにします。

芋

　じゃが芋の品種でいえば、男爵は加熱するとほくほくと粉っぽくなり、メークインはねっとりとなります。里芋はねっとりの方でしょう。やわらかく煮て、汁といっしょに食べられるように仕上げると、食べやすくなります。

　芋の場合は切り方がポイントになります。１㎝角や５㎜厚さのいちょう切りのように小さめに切ると、食べるときに汁がからみやすくなりますので、粉っぽさや団子状になるのがおさえられます。

海藻

　こんぶやわかめは薄くてかたいので、歯が生えそろわないと噛めませんし、生えそろっても噛みにくい食品です。食べやすい調理法は、やわらかく煮るか、細かく刻むかのどちらかです。

　こんぶは長い時間煮て子どもが食べられるようなやわらかさに仕上げて、食べやすい大きさに切ります。乾燥わかめは水につけてもどしたあと、細かく刻んでそのままみそ汁の実などに使います。

きのこ

　子どもには噛みにくい食品なので、噛まなくても食べられるように細かく刻んで使います。ただし、えのきたけは細くて刻めないので、５㎜あるいは１㎝長さに切ります。

　エリンギは繊維が短くなるように薄く切ると、細かくほぐれやすくなります。

ほくほくの豆・芋……粉っぽくてむせちゃうの

じゃが芋のタラコ煮

**煮汁が多めに残るように仕上げると、
じゃが芋がしっとりして、幼児が食べやすくなります。**

材料 大人2人分と幼児1人分
★赤文字は全体量のうちの幼児1人分の目安量

じゃが芋（男爵）	210g	30g
タラコ	½腹（20g）	3g
a だし	¾カップ弱	大さじ1⅓
a みりん	小さじ½	少量

幼児１人分 28kcal　塩分 0.2g
大人１人分 83kcal　塩分 0.5g

作り方 大人と幼児共通

1 じゃが芋は1cm角に切る。タラコは皮を除いて、ほぐす。

2 なべにaとじゃが芋を入れて火にかけ、ふたをして弱火で煮る。じゃが芋がやわらかくなったらタラコを加え、じゃが芋が少しくずれるまで煮る。

幼児 1/7量を盛る。

献立ヒント
千草卵（82ページ）
ズッキーニのみそ汁
ごはん

さつま芋と豚肉の煮物

しっとりとした肉といっしょにさつま芋を食べるので、粉っぽさがなく、食べやすくなります。

材料 大人2人分と幼児1人分
★赤文字は全体量のうちの幼児1人分の目安量

	さつま芋	120g	15g
a	豚ひき肉	200g	30g
a	パン粉	½カップ	大さじ1
a	水	大さじ2弱	小さじ1弱
a	かたくり粉	小さじ2強	小さじ⅓
a	塩	小さじ⅓	少量
	油	小さじ2弱	小さじ¼
b	水	¾カップ弱	大さじ1⅓
b	酒	大さじ½	少量
b	しょうゆ	小さじ1弱	少量
b	砂糖	少量	少量

幼児１人分 110kcal　塩分 0.4g
大人１人分 330kcal　塩分 1.3g

作り方 大人と幼児共通

1 さつま芋は長さ5㎝、7～8㎜角の拍子切りで14本にし、3分ほどゆでる。

2 パン粉は水でふやかし、aの残りの材料と合わせて混ぜる。14等分にし、さつま芋を1本ずつ包む。

3 フライパンに油を熱し、**2**を並べ、全体に焼き色をつける。

4 なべにbを入れて火にかけ、煮立ったら**3**を加え、ふたをしてさつま芋がやわらかくなるまで煮る。

幼児 2本を斜めに半分に切って盛る。

献立ヒント

高野豆腐の卵とじ（110ページ）
白菜のみそ汁
ごはん

材料の原寸大

いんげん豆のトマト煮

豆はやわらかく煮て、野菜や汁といっしょに食べると、しっとりして食べやすくなります。豆はのどに詰まらせる原因になるので、煮くずすか、半分に切ってから調理します。

材料の原寸大

材料 大人2人分と幼児1人分
★赤文字は全体量のうちの幼児1人分の目安量

白いんげん豆水煮缶詰め・カットトマト水煮缶詰め	各210g	各30g
玉ねぎ	70g	10g
セロリ(筋を除く)・ピーマン	各35g	各5g
ツナ油煮缶詰め	35g	5g
水	¾カップ	大さじ1⅓
顆粒ブイヨン	小さじ½	少量
a ケチャップ	大さじ⅔	少量
a 中濃ソース	大さじ½弱	少量
a しょうゆ	小さじ⅔	少量

幼児１人分 72kcal　塩分 0.6g
大人１人分 215kcal　塩分 1.7g

作り方 大人と幼児共通

1 いんげん豆は、１粒を半分に切る。玉ねぎ、セロリ、ピーマンはみじん切りにする。ツナは油をきる。

2 なべに水を入れて火にかけ、煮立ったらブイヨン、トマト、**1**を加え、ふたをして弱火で野菜がやわらかくなるまで煮る。aで調味し、さらに5分ほど煮る。

幼児 1/7量を盛る。

献立ヒント
サケとほうれん草のグラタン(85ページ)
豚肉とかぶのスープ(45ページ)
ごはん

ねっとりした豆・芋……お口の中でお団子になっちゃうの

里芋とエビの煮物

里芋は口の中でかたまりにならないよう、小さめに切って、汁といっしょに少しずつ食べるようにします。

材料 大人2人分と幼児1人分
★赤文字は全体量のうちの幼児1人分の目安量

里芋	200g	30g
むきエビ	35g	5g
酒	大さじ½	少量
だし	½カップ強	大さじ1
エビのゆで汁	70㎖	大さじ⅔
しょうゆ	小さじ½	少量
砂糖	小さじ⅓	少量
塩	少量	少量

幼児1人分 23kcal　塩分 0.2g
大人1人分 68kcal　塩分 0.6g

作り方 大人と幼児共通

1 里芋は5㎜幅のいちょう切りにする。塩（分量外）でもんで水洗いし、ぬめりをとる。

2 なべに水½カップ（分量外）を入れて火にかけ、煮立ったら酒を加え、エビをさっとゆでる。エビは細かく切り、ゆで汁は70㎖とっておく。

3 なべにエビ以外のすべての材料を入れ、火にかける。煮立ったら、ふたをして弱火にし、里芋がやわらかくなるまで煮、エビを加え、ひと煮立ちしたら火を止める。

幼児 ⅓量を盛る。

献立ヒント
メンチカツ（39ページ）
キャベツと厚揚げのみそ汁
ごはん

金時豆の和風シチュー

**豆はのどに詰まらせる原因になるので、
煮くずすか、半分に切ってから調理します。**

材料 大人2人分と幼児1人分

★赤文字は全体量のうちの幼児1人分の目安量

金時豆蒸し豆缶詰め	140g	20g
鶏ささ身	35g	5g
キャベツ	70g	10g
にんじん・ねぎ・ほうれん草	各35g	各5g
だし	¾カップ	大さじ1½弱
調製豆乳	1½カップ強	¼カップ弱
a しょうゆ	小さじ1	少量
a 塩	小さじ⅓強	少量
かたくり粉・水	各小さじ2強	各少量

幼児1人分73kcal　塩分0.6g
大人1人分220kcal　塩分1.7g

作り方 大人と幼児共通

1 豆は1粒を半分に切る。ささ身は横に長く置いて薄切りにする。キャベツは1cm角に切り、にんじんは1cm角の色紙切りにする。ねぎは薄い小口切りにする。ほうれん草はやわらかくゆでて1cm長さに切る。

2 なべにだし、ほうれん草以外の**1**を入れて火にかけ、ふたをして弱火で野菜がやわらかくなるまで煮、豆乳を加え、aで味をととのえる。煮立ったら、ほうれん草を加え、水ときかたくり粉でとろみをつける。

幼児 1/7量を盛る。

献立ヒント

ニジマスの塩焼き（51ページ）
ごぼうと牛肉の煮物（28ページ）
ごはん

じゃが芋のグラタン

じゃが芋は少し煮くずすと口あたりがやわらかくなりますし、なめらかなホワイトソースなどを合わせると、しっとりして食べやすくなります。

材料 大人2人分と幼児1人分
★赤文字は全体量のうちの幼児1人分の目安量

じゃが芋（メークイン）	200g	30g
玉ねぎ	70g	10g
バター	大さじ2⅓	小さじ1
小麦粉	大さじ1½	小さじ⅔
牛乳（人肌に温める）	1½カップ弱	40g
a 粉チーズ	大さじ3強	小さじ1強
a 塩	小さじ½	少量
パン粉	¼カップ	大さじ⅔

幼児1人分 47kcal　塩分 0.2g
大人1人分 141kcal　塩分 0.6g

作り方 大人と幼児共通

1 じゃが芋は1.5cm厚さの半月切りにし、やわらかくゆでる。玉ねぎは2cm長さの薄切りにする。

2 フライパンにバターを熱し、弱火で玉ねぎがしんなりとするまでいため、ごく弱火にして小麦粉を加え、焦がさないように5分ほどいためる。牛乳を少しずつ加えながら混ぜる。

3 じゃが芋、aを加え、木べらで底のほうから混ぜながら火を通し、幼児用のグラタン皿に1/7量を盛り、残りを大人用のグラタン皿に盛る。それぞれパン粉をかけ、250℃に予熱したオーブンで、全体が熱くなるまで焼く。

献立ヒント
つくね団子の揚げ煮（38ページ）
白菜とにんじんのスープ
ごはん

海藻……薄くてかたくて噛めないの

わかめと豆腐のみそ汁

わかめは薄くかたく、
歯が生えそろっても噛みにくい食品ですので、細かく刻んで使います。

材料 大人2人分と幼児1人分
★赤文字は全体量のうちの幼児1人分の目安量

カットわかめ	乾小さじ1弱	少量
豆腐	75g	15g
だし	2½カップ	½カップ
みそ	大さじ1強	小さじ½

幼児1人分 18kcal 塩分 0.6g
大人1人分 36kcal 塩分 1.2g

作り方 大人と幼児共通

1 わかめは水につけてもどし、細かく刻む。豆腐は1㎝角に切り、水けをきる。みそはだしの一部でといておく。

2 なべにだしを入れて火にかけ、煮立ち始めたら**1**を加え、煮立つ直前に火を止める。

幼児 ⅕量を盛る。

献立ヒント
カジキマグロのかき揚げ（58ページ）
ブロッコリーのオイスターソースソテー（26ページ）
ごはん

材料の 原寸大

こんぶと手羽先の煮物

**気長に煮ると、鶏手羽先とこんぶは
幼児が食べられるくらいやわらかくなります。**

材料 大人2人分と幼児1人分
★赤文字は全体量のうちの幼児1人分の目安量

鶏手羽先	7本	1本
早煮こんぶ	乾5×15㎝2枚	5㎝角1枚
水	2カップ	¼カップ強
a しょうゆ	小さじ2	少量
a みりん	小さじ1	少量

幼児1人分 46kcal　塩分 0.4g
大人1人分 139kcal　塩分 1.1g

作り方 大人と幼児共通

1 こんぶは、5㎝長さに切り、幼児用は1㎝長さに切る。なべに水とともに入れ、20分ほどおく。

2 手羽先は、グリルで両面に焦げ目がつくくらいに焼く。

3 **1**のこんぶの上に手羽先を並べ、aを加え、ふたをして強火にかける。煮立ったら弱火にし、こんぶがやわらかくなるまで煮る。

幼児 幼児用のこんぶ、手羽先1本を盛る。手羽先はほぐして骨を除く。

献立ヒント
大根のいためなます（32ページ）
里芋と小松菜のみそ汁
ごはん

ひじきのサラダ

**ひじきは長ひじきを使うと、
やわらかく仕上がり、幼児にも食べやすくなります。**

材料 大人2人分と幼児1人分
★赤文字は全体量のうちの幼児1人分の目安量

		全体量	幼児1人分
	長ひじき	乾20g	3g
	にんじん	70g	10g
	さやいんげん	35g	5g
a	だし	1カップ	大さじ2
a	しょうゆ	小さじ1	少量
a	砂糖	小さじ1/3	少量
	マヨネーズ	大さじ1強	小さじ1/2弱

幼児１人分 23kcal　塩分 0.2g
大人１人分 69kcal　塩分 0.7g

作り方 大人と幼児共通

1 ひじきは水に30分ほどつけてもどし、1.5cm長さに切る。にんじんは2cm長さのせん切りにする。

2 さやいんげんはやわらかくゆで、切り口の長さ1cmの斜め切りにする。

3 なべにaと**1**を入れて火にかける。ひじきがやわらかくなったら、強火にして汁けをとばし、さます。

4 さやいんげんを加え、マヨネーズであえる。

幼児 1/7量を盛る。

献立ヒント
キスのフライ（53ページ）
ジュリアンスープ
ごはん

きのこ……ぐにぐにとかたくて噛めないの

まいたけと白菜の煮浸し

まいたけは、食べにくいようであれば、細かく刻みます。

材料 大人2人分と幼児1人分
★赤文字は全体量のうちの幼児1人分の目安量

	まいたけ	70g	10g
	白菜	210g	30g
	だし	1カップ強	大さじ2
a	しょうゆ	小さじ$\frac{2}{3}$	少量
a	塩	少量	少量

幼児１人分 7kcal　塩分 0.2g
大人１人分 20kcal　塩分 0.6g

作り方 大人と幼児共通

1　まいたけは小さめに裂いて５mm幅に切る。白菜は葉と軸に切り分けて、それぞれ1cm角に切る。

2　なべにだし、まいたけ、白菜の軸を入れて火にかけ、ふたをして弱火で煮る。白菜の軸が透き通ったら、葉を加えて煮、白菜がやわらかくなったらaを加えて調味する。

幼児 $\frac{1}{7}$量を盛る。

献立ヒント

鶏肉の照り焼き（43ページ）
ほうれん草のみそ汁
ごはん

材料の原寸大

エリンギのみそ汁

エリンギは薄い輪切りにして、繊維を短く切ると、幼児にも食べやすくなります。

材料 大人2人分と幼児1人分
★赤文字は全体量のうちの幼児1人分の目安量

エリンギ	25g	5g
玉ねぎ（あれば新玉ねぎ）	30g	6g
青梗菜	15g	3g
だし	2½カップ	½カップ
みそ	大さじ1強	小さじ⅔

幼児１人分 13kcal　塩分 0.6g
大人１人分 26kcal　塩分 1.1g

作り方 大人と幼児共通

1 エリンギは軸とかさに切り分け、軸は薄い輪切りにし、かさは薄切りにする。

2 玉ねぎは1cm角に切る。青梗菜はやわらかくゆでて1cm角に切る。みそはだしの一部でとく。

3 なべにだし、エリンギ、玉ねぎを入れて火にかけ、玉ねぎがやわらかくなったら青梗菜とみそを加え、煮立つ直前に火を止める。

幼児 ⅕量を盛る。

献立ヒント
イワシの梅煮（50ページ）
高野豆腐の卵とじ（110ページ）
ごはん

材料の原寸大

きのこと厚揚げのくず煮

幼児が食べやすいよう、きのこはごく小さく切ります。

材料 大人2人分と幼児1人分
★赤文字は全体量のうちの幼児1人分の目安量

えのきたけ	70g	10g
干ししいたけ	2枚	0.5g
厚揚げ	1枚（200g）	30g
にんじん	70g	10g
ねぎ	35g	5g
だし	1カップ強	大さじ2
a しょうゆ	小さじ1	少量
a みりん	小さじ½	少量
a 塩	少量	少量
かたくり粉・水	各小さじ1強	各少量

幼児1人分 49kcal　塩分 0.2g
大人1人分 148kcal　塩分 0.7g

作り方 大人と幼児共通

1 干ししいたけはひたひたの水に5～6時間つけてもどし、軸を除いてみじん切りにする。えのきは1cm長さに切る。

2 厚揚げは熱湯につけて油抜きし、1cm角に切る。にんじんは1cm角の色紙切りにする。ねぎは薄い小口切りにする。

3 なべにだし、しいたけ、えのき、にんじん、ねぎを入れて、弱火でふたをして煮る。野菜がやわらかくなったらaで調味し、厚揚げを加える。煮立ったら2～3分煮、水ときかたくり粉でとろみをつける。

幼児 1/7量を盛る。

献立ヒント
サワラのねぎみそ焼き（57ページ）
金時豆の和風シチュー（68ページ）
ごはん

食べたい気持ち

　このごろ、感染症の流行は季節的な特徴がなくなってきて、いつでもどんな感染症もそこかしこで流行しているようで、油断できない感じです。

　幼児期にかかる感染症の中で、手足口病という、文字通り手と足と口に水疱ができる感染症があります。軽くすむ場合もありますが、かわいそうなくらい口内炎がひどく出る場合もあります。

　あるとき優実ちゃん（３歳）がその手足口病にかかって、ある程度症状がおさまって登園してきました。でもまだ口内炎が残っていて痛そうです。そのほかは全部元気ですから、ふつうに元気に遊んでふつうにお腹もすきます。でも、いざ大好物の切り干し大根の煮物を食べようと口に入れたとたん、「痛～い！」と悲鳴に近い声をして、あわてて口から吐き出しました。

　大好物だけに本当に気の毒でした。本人もよほどくやしかったのでしょう、じ～っとにらむようにしていたかと思ったら、またスプーンで切り干し大根の煮物をすくって……。もう一回チャレンジするのかっ!?　とその勇気に驚きながら見ていたら、なんとスプーンを目の下まで持っていき「目で食べてやる～！」と叫んだのです。

「ああ～っ！　それはすごいこと考えたねえ！　本当だねえ、口が痛いときにはお目めで食べられたらいいのにねえ」と優実ちゃんの気持ちが痛いほどにわかって、しかもナイスなアイディアに感心して笑ってしまいました。

　すると、もう一度切り干し大根の煮物をすくいなおして、今度は「鼻で食べてやる～！」と。

「本当だ！　鼻でも食べられそうだけど……ちょっと痛そうねえ（笑）。ほかにも口のかわりに食べられるところがあったらいいのにねえ」と笑っているうちに、気持ちは満足したのか、塩分のないごはんとくだものを食べて席をはなれた優実ちゃんでした。

　ユーモアのある思考は、自分のつらさも半減させる役割があるのですね。優実ちゃんの考え方を見習いたいと思いました。

　また別の年ですが、同じように口内炎が10個以上出て休んでいる美佳ちゃん（２歳10カ月）のお母さんから、朝、電話が入りました。

「ほとんどの症状がおさまっているのですが、口内炎ができたことで怖がって何も食べられなくて困っています。もう、しみるような段階も過ぎていると思うのですが……。もしかしたらナースリーに行けば食べる気持ちになれそうなのですが、連れて行って食事だけするのは無理ですか？」とのことです。

　美佳ちゃんは慎重な性格なので、きっと痛くなったことで警戒心が強くなっていることは、充分予想できました。ナースリールームに来たら食欲がわいて食べられそう……というお母さんと美佳ちゃんの信頼は嬉しかったし、本当にそんな効果もあるかもしれない、と思えましたので、お受けしました。

　保育室には入らずに、職員室横にある相談室でみんなと同じ昼食を出してあげたら、ほんとうにぺろりと全部食べてしまったのです。お母さんも「ナースリー効果は本当にすごい～！」と涙ぐんで喜んでいました。

卵・牛乳のおかず

卵と牛乳は便利な食材ですが、子どもによっては、加熱した卵はもそもそして飲み込みにくかったり、牛乳の特有の味とにおいが苦手だったりします。
卵と牛乳について、それぞれ食べやすくする調理のくふうと料理を紹介します。

卵・牛乳の調理

卵や牛乳は、朝食やおやつにとり入れやすい食品です。しかし、卵料理は、子どもによっては、もそもそして噛みにくかったり、飲み込みにくいことがあるようです。牛乳は好む子どもが多い半面、味やにおいを嫌がる子どもも見られます。

卵

卵は、だしや牛乳のような液状のものを加えると、もそもそしないでしっとりと仕上がります。和風の料理にはだしを加え、洋風の料理には牛乳を加えます。

和風の料理では、卵とじ、卵焼き（だし巻き卵)、茶わん蒸し、卵豆腐などがあります。

○卵とじ：野菜・芋・肉などをだしで煮て、卵を流して火を通します。煮汁は多めにして、卵に火を通しすぎないようにすれば、卵はやわらかく仕上がります。

○卵焼き：卵の分量の⅓量のだしを加えると、しっとりと仕上がります。ゆでた野菜・ひき肉・ツナ・シラス干し・カニ（缶詰め）などを１～

数種類加えるとさまざまな味が楽しめます。

○茶碗蒸し：卵の分量の３～４倍のだしを加えて蒸します。

○卵豆腐：卵の分量と同量のだしを加えて蒸します。

洋風の料理では、スクランブルエッグ、オムレツなどがありますが、これらは卵の分量の$\frac{1}{4}$～$\frac{1}{6}$量の牛乳を加えて調理します。スクランブルエッグには、ゆでた野菜・トマト・チーズ・ひき肉・ハム・ベーコンなどを１～数種類加えると、さまざまな味が楽しめます。

牛乳

牛乳を好まない子どもには、料理に使うのがよい方法です。料理にすると、野菜や肉などの食材の味やうま味をいっしょに味わうことになるので、牛乳の風味があまり気になりません。

牛乳を使う料理には、ポタージュスープ、シチュー、グラタンなどがあります。ポタージュスープはこの本で紹介したコーンのほか、かぼちゃやじゃが芋でも、おいしくできます。かぼちゃやじゃが芋はやわらかく煮てつぶし、ホワイトソースとスープでのばして仕上げます。

卵……もそもそして飲み込みにくいの

じゃが芋のスクランブルエッグ

卵に牛乳（卵の¼量）を加えると、しっとりとやわらかく仕上がります。

材料 大人2人分と幼児1人分
★赤文字は全体量のうちの幼児1人分の目安量

		全体量	幼児1人分
卵		小3個	20g
a	牛乳	大さじ2⅓	小さじ1
	刻みパセリ	小さじ1	少量
	塩	小さじ⅕	少量
じゃが芋		140g	20g
ベーコン		35g	5g
バター		大さじ1強	小さじ½

幼児１人分 82kcal　塩分 0.4g
大人１人分 245kcal　塩分 1.2g

作り方 大人と幼児共通

1 卵は割りほぐし、aを加えてよく混ぜる。

2 じゃが芋は薄いいちょう切りにし、くずれない程度にやわらかくゆでる。ベーコンは5㎜幅に切る。

3 フライパンを熱してバターをとかし、じゃが芋とベーコンをいためる。強火にして卵を流し入れ、すぐに大きくかき混ぜて、完全に火が通る直前に火を消す。

幼児 ⅐量を盛る。

献立ヒント
ピザ風トースト（103ページ）
玉ねぎのスープ
りんご

玉ねぎの卵とじ

**卵とじにすると、卵が煮汁を含んでしっとりし、
もそもそせずに食べやすくなります。**

材料 大人2人分と幼児1人分
★赤文字は全体量のうちの幼児1人分の目安量

とき卵	小2個分	14g
玉ねぎ（あれば新玉ねぎ）	140g	20g
サケ水煮缶詰め	70g	10g
青梗菜	35g	5g
だし	1カップ弱	大さじ1⅔
a 酒	小さじ1強	少量
a しょうゆ	小さじ1	少量
a 塩	小さじ⅕強	少量

幼児1人分 46kcal　塩分 0.5g
大人1人分 137kcal　塩分 1.4g

作り方 大人と幼児共通

1 玉ねぎは1cm角に切る。サケは汁けをきって細かくほぐす。青梗菜はやわらかくゆでて1cm角に切る。

2 なべにだし、玉ねぎ、サケを入れ、ふたをして弱火でやわらかくなるまで煮、aで調味する。青梗菜を加えて1～2分煮、卵を流し入れ、完全に火が通る直前に火を消す。

幼児 ⅐量を盛る。

献立ヒント

アジのレモンマリネ（52ページ）
じゃが芋と油揚げのみそ汁
ごはん

千草卵

**卵にだし（卵の約半量）を加えてあるので、
卵がしっとりして、もそもそせずに食べられます。**

材料 大人2人分と幼児1人分
★赤文字は全体量のうちの幼児1人分の目安量

卵		大3個	25g
a	だし	¼カップ強	小さじ2
	しょうゆ	小さじ1⅔	少量
	みりん	小さじ1弱	少量
鶏ひき肉・にんじん・ほうれん草		各35g	各5g
ねぎ		25g	3g
ごま油		小さじ2弱	小さじ¼
油		大さじ1強	小さじ½

幼児１人分 76kcal　塩分 0.3g
大人１人分 229kcal　塩分 1.0g

作り方 大人と幼児共通

1 卵は割りほぐし、aを加え混ぜる。

2 にんじんは1cm角の色紙切りにし、やわらかくゆでる。ほうれん草はやわらかくゆでて1cm長さに切る。ねぎは薄い小口切りにする。

3 フライパンにごま油を熱し、ひき肉とねぎをいためる。肉の色が変わったら、にんじんとほうれん草を加えていため合わせる。**1**の卵液に加え混ぜる。

4 別のフライパン（直径24cmくらい）に油を熱し、**3**を一気に流し入れ、すぐに大きくかき混ぜながら火を通す。全体が半熟状になったら、ふたをして弱火で完全に火が通るまで焼く。

幼児 ⅐量を盛る。

献立ヒント
白菜と油揚げの煮物（25ページ）
里芋とわかめのみそ汁
ごはん

牛乳……味とにおいが苦手なの

コーンポタージュ

**コーンや玉ねぎの風味で、
牛乳特有の味と香りがやわらぎます。**

材料 大人2人分と幼児1人分
★赤文字は全体量のうちの幼児1人分の目安量

材料	全体量	幼児1人分
牛乳（人肌くらいに温める）	1½カップ	¼カップ強
クリームコーン缶詰め	150g	30g
玉ねぎ	50g	10g
湯	½カップ	大さじ1⅓
顆粒コンソメ	小さじ⅓	少量
バター	大さじ1¼	小さじ1弱
小麦粉	大さじ1⅓	小さじ1
塩	小さじ⅓	少量

幼児１人分 102kcal　塩分 0.8g
大人１人分 204kcal　塩分 1.7g

作り方 大人と幼児共通

1 玉ねぎは2cm長さのせん切りにする。コンソメは湯でとかす。

2 なべにバターをとかし、玉ねぎがしんなりとするまでいためる。小麦粉を加え、焦がさないように弱火で5分くらいいためる。コンソメをといた湯を少しずつ加えながら混ぜ、牛乳も同様に加えながら混ぜる。

3 クリームコーンを加え混ぜ、塩で味をととのえ、煮立ち始めたら火を止める。

幼児 ⅕量を盛る。

献立ヒント
カレーパン（104ページ）
キウイフルーツ

カレー風味のクリームシチュー

いっしょに煮た鶏肉や野菜、カレー粉の風味で、牛乳の味と香りがやわらぎます。

材料 大人2人分と幼児1人分
★赤文字は全体量のうちの幼児1人分の目安量

材料	大人2人分と幼児1人分	幼児1人分
牛乳（人肌くらいに温める）	1カップ	大さじ2
鶏ささ身・じゃが芋	各70g	各10g
ブロッコリー・玉ねぎ・にんじん・セロリ	各35g	各5g
水	1½カップ	¼カップ弱
顆粒コンソメ	小さじ1⅔	小さじ¼
バター	大さじ1弱	小さじ½
小麦粉	大さじ1弱	小さじ½
カレー粉・塩	各少量	各少量

幼児１人分 62kcal　塩分 0.6g
大人１人分 187kcal　塩分 1.7g

作り方 大人と幼児共通

1 鶏肉は薄いそぎ切りにする。ブロッコリーは小さい小房に切り分け、やわらかくゆでる。

2 じゃが芋と玉ねぎは1cm角に切る。にんじんは1cm角の色紙切りにする。セロリは5mm角に切る。

3 なべに水を入れて火にかけ、煮立ったらコンソメ、**2**を加え、煮立てる。鶏肉を加え、ふたをして煮る。

4 別のなべを火にかけてバターをとかし、小麦粉を加え、焦がさないように弱火で5分ほどいためる。カレー粉を加え、香りが立ったら、牛乳を少しずつ加えてルーをのばしていく。

5 **3**の野菜がやわらかくなったら**4**を加え混ぜ、ブロッコリーと塩を加え、煮立ち始めたら火を止める。

幼児 1/7量を盛る。

献立ヒント

キスのフライ（53ページ）
ひじきのサラダ（72ページ）
ごはん

サケとほうれん草のグラタン

サケや玉ねぎの風味で、牛乳特有の味や香りがやわらぎます。

材料 大人2人分と幼児1人分
★赤文字は全体量のうちの幼児1人分の目安量

材料	全体量	幼児1人分
牛乳（人肌くらいに温める）	1½カップ強	¼カップ弱
生ザケ	210g（2切れ）	30g
a 酒	小さじ⅔	少量
a 塩	小さじ⅕	少量
油	小さじ2弱	少量
ほうれん草	70g	10g
玉ねぎ・ベーコン	各35g	各5g
バター	大さじ1弱	小さじ½弱
小麦粉	大さじ1½	小さじ⅔
粉チーズ	大さじ2強	2g
塩	小さじ⅙	少量

幼児1人分 131kcal　塩分 0.5g
大人1人分 393kcal　塩分 1.6g

作り方 大人と幼児共通

1　サケは骨と皮を除いて1cm角に切り、aをふる。フライパンに油を熱し、サケを全体に色よく焼き、⅐量を幼児用のグラタン皿に盛り、残りを大人用のグラタン皿に盛る。

2　ほうれん草はやわらかくゆでて1cm長さに切る。玉ねぎは2cm長さのせん切りに、ベーコンは5mm幅に切る。

3　フライパンを熱してバターをとかし、玉ねぎとベーコンをいため、玉ねぎがしんなりとしたら、小麦粉を加えて弱火で5分ほどいためる。牛乳を少しずつ加え混ぜながらとろみがつくまで煮、ほうれん草と粉チーズを加え、塩で味をととのえる。

4　1の幼児用のサケに⅐量をかけ、残りは大人用にかけ、250度に予熱したオーブンで全体が温まる程度に焼く。

献立ヒント

キャベツのカレー煮（22ページ）
豚肉とかぶのスープ（45ページ）
ごはん

「泣いて買ってもらうの」

ナースリールームでは、食事は、食べさせる人と食べさせられる人という立場にならないために、保育者も子どもたちといっしょに同じものを食べるようにしています。

「おいしいねえ」といっしょに食べる楽しさを共有しながらの食卓は楽しい会話がはずみ、ときには家庭での出来事もいろいろ出てきて愉快です。

澄香ちゃん「すみかちゃんのおうちには、クマのお皿があるのよ」

保育者「先生も朝ごはんはクマのお皿で食べるのよ。同じねえ」

澄香ちゃん「へーっ。クマのお皿は泣いて買ってもらうのよ」

保育者「えっ？？？　澄香ちゃん、ほしいものがあるときには泣いて買ってもらうの？」

澄香ちゃん「そーよ、泣くのよ」

と、にんまりして答えました。

保育者「ええ～っ、それはちょっと変だねえ。ほしい物があるときは今度から、♪月が～出た出た～♪　って踊ってくださいね（笑）」

とユーモアを交えて話したら、

澄香ちゃん「はい！」

と張り切った返事が返ってきました。

第１子の澄香ちゃんなので、お母さんもお父さんも澄香ちゃん（３歳５カ月）に泣かれてしまうとおろおろしてしまい、結局ほとんどのことは澄香ちゃんの思い通りになっているという様子は、私たち保育者もうすうす気づいてはいました。

でも、まさかこれほどしっかりと自覚して、泣くことを作戦として使っているなどとは思っていませんでした。おいしいごはんを楽しく食べていて、リラックスしていたので、さらりと本音が出たのでしょう。愉快ですね。

お皿だけでなく、おもちゃだったり、食事前のお菓子だったり、ジュースだったり、ほしがられると食事に影響するとわかっていても、泣かれるとついついあげてしまうことも、お母さんたちの悩みの種です。

子どもの気持を尊重することはたいせつですが、泣かれるとうるさいから……という理由は、大人のエゴとして、子どもに見透かされてしまいます。

やはり食事に影響するようであれば、「ごはんが食べられなくなるから、おやつのときにしようね」と、毅然とした態度で伝えてあげた方が、子どもの方も「そういうものか……」と納得しやすくなります。

ごねてみたら通じた……という体験は、大人の一貫性のない姿勢として見抜かれて、余分ながんばりを誘ってしまうことになるからです。そうなると、子どもはこの方法をいろいろなところで活用したくなるのです。たかがジュース、されどジュースですね。

めんの料理

手軽でおいしいめん料理は、子どもも大人も大好きです。ただ、幼児はめんを「すする」ことができませんので、食べやすい長さに切ります。
めんを使う料理を、汁のあるめん、汁のないめんに分けて、調理のくふうと料理を紹介します。

めんの調理

子どもはめんをすすって食べることができません。そのため、すすらないでも口に入れやすい長さに切る必要があります。

子どもによって食べやすい長さには違いがありますが、5～10㎝くらいにするとよいでしょう。歯が生えそろうのにしたがって、食べ方がじょうずになるので、少しずつ長いものが食べられるようになります。

子どもが食べやすいめんは、太いものより細いもの、こしが強いものより強くないものです。

そして、焼きうどんなどのように、野菜といっしょに調理するときは、野菜を先にゆでるなどして、めんと同じかたさにそろえると、食べやすくなります。子どもには、かたさの異なる食品をいっしょに咀嚼するのは、難しいからです。

めん料理には、汁があるものとないものがありますが、子どもには、汁があるものの方が食べやすいです。汁とともにめんを食べると、めんのパサパサした感じがなくなり、しっとりなめらかに

なるからです。

汁けがない焼きうどんや焼きそばは、野菜の水けや、しょうゆやソースなど液状の調味料でしっとりさせるとよいでしょう。

ゆでめん　蒸しめん

ゆでうどん：なるべく細いもので、こしの強くないものを使うようにします。そして調理をする前には、多めの熱湯をかけてよく水洗いし、めんをやわらかくします。

蒸し中華めん：調理する前に熱湯をかけて、水洗いし、めんをやわらかくします。

乾めん

うどん：細めのものでこしの強くないものにし、ゆでる時間を長めにしてやわらかくします。

そうめん：こしの強くないものにします。細くて食べやすいので、ふつうのかたさにゆでます。

スパゲティ：こしが強く、長めにゆでても子どもには噛みにくいめんです。奥歯が生えそろって、噛む力が強くなれば、食べられるようになります。

マカロニ：長めにゆでるとやわらかくなるので、子どもにも食べやすいパスタです。長いものは1.5～2㎝くらいに切り、スープの実やサラダにしたり、スパゲティの代わりにさまざまなパスタ料理に使うとよいでしょう。

汁めん……めんをすすることができないの

あんかけうどん

幼児はめんをすすって食べることができないので、食べやすい長さに切ります。ゆでうどんは熱湯をかけて水洗いすると、煮込まなくてもやわらかくなります。

献立ヒント
れんこんの きんぴら風煮（27ページ）
キウイフルーツ

材料の原寸大

材料 大人2人分と幼児1人分
★赤文字は全体量のうちの幼児1人分の目安量

ゆでうどん（細）……2玉（500g） 70g
鶏ささ身……140g 20g
玉ねぎ……100g 15g
パプリカ（赤）・パプリカ（黄）・ほうれん草……各35g 各5g
だし……3¼カップ強 ½カップ
a［しょうゆ……小さじ2弱 少量
　 塩……小さじ2/5 少量
［かたくり粉・水……各大さじ1強 各小さじ½

幼児１人分221kcal　塩分1.2g
大人１人分695kcal　塩分3.7g

作り方 大人と幼児共通

1 うどんは熱湯をかけて水洗いする。1/7量を幼児用にとり分け、5～10cm長さに切って器に盛る。残りは大人用の器に盛る。

2 ささ身は横に長く置いて薄切りにする。玉ねぎは2cm長さの薄切りにする。

3 パプリカはやわらかくゆでて皮をむき、2cm長さに切る。ほうれん草はやわらかくゆでて1cm長さに切る。

4 なべにだしを入れて火にかけ、煮立ったら**2**を加えて煮、玉ねぎがやわらかくなったらaで調味する。**3**を加え、煮立ったら水ときかたくり粉を加えてとろみをつける。

幼児 1/7量を幼児用のうどんにかける。

みそ煮込みうどん

**めんはすすらなくても食べられるように、食べやすく短く切ります。
乾めんは細いものを使うと、幼児は食べやすくなります。**

材料 大人2人分と幼児1人分
★赤文字は全体量のうちの幼児1人分の目安量

うどん（細）	乾200g	30g
豚ひき肉・白菜	各70g	各10g
ねぎ・にんじん・えのきたけ・小松菜	各35g	各5g
だし	3¼カップ強	½カップ
みそ	大さじ1⅔	小さじ1弱

幼児１人分 138kcal　塩分 1.1g
大人１人分 414kcal　塩分 3.2g

作り方 大人と幼児、作り分け

1 うどんはやわらかくゆでて水洗いする。⅐量を幼児用にとり分け、5～10㎝長さに切る。残りは大人用の器に盛る。

2 白菜は葉と軸に切り分け、それぞれ1㎝角に切る。ねぎは薄い小口切りにし、にんじんは1㎝角に切る。えのきは1㎝長さに切る。小松菜はやわらかくゆでて1㎝長さに切る。

3 なべにだしとひき肉、白菜の軸、ねぎ、にんじん、えのきを入れて火にかけ、煮立ったら弱火にする。野菜がやわらかくなったら白菜の葉、みその半量を加えて煮、白菜の葉がやわらかくなったら、小松菜と残りのみそを加えてひと煮立ちする。幼児用に⅐量を別のなべにとり出し、残りを大人用のうどんにかける。

幼児 3に続けて、幼児用のうどんを加えてひと煮立ちする。

献立ヒント
大根のいためなます（32ページ）
みかん

卵とじそうめん

そうめんはめんが細く、幼児でも食べやすいので、大人と同じかたさにゆでてもだいじょうぶです。

材料 大人2人分と幼児1人分

★赤文字は全体量のうちの幼児1人分の目安量

そうめん	乾 230g	30g
とき卵	2個分	15g
オクラ・ねぎ	各70g	各10g
油揚げ	35g	5g
だし	3¼カップ弱	½カップ
a しょうゆ	小さじ2弱	少量
a 塩	小さじ⅖	少量

幼児1人分 167kcal　塩分 1.0g
大人1人分 500kcal　塩分 3.1g

作り方 大人と幼児共通

1 そうめんはゆでて水洗いする。⅐量を幼児用にとり分け、5～10cm長さに切り、器に盛る。残りは大人用の器に盛る。

2 オクラはやわらかめにゆでて2mm幅の輪切りにする。ねぎは薄い小口切りにする。油揚げは熱湯をかけて油抜きし、さめたら水けを絞って5mm角に切る。

3 なべにだし、ねぎ、油揚げを入れて火にかけ、ふたをしてねぎがやわらかくなるまで煮、aで調味する。オクラを加え、沸騰したら卵を少しずつ流し入れて火を通す。

幼児 幼児用のそうめんに**3**の⅐量をかける。

献立ヒント

青梗菜のシラスあえ (24ページ)

デラウエア

汁のないめん……パサパサして飲み込みにくいの

ソース焼きそば

幼児用の中華めんはしっとりやわらかくするために、熱湯をかけます。

材料 大人2人分と幼児1人分
★赤文字は全体量のうちの幼児1人分の目安量

蒸し中華めん		2袋（420g）	60g
キャベツ		280g	40g
ロースハム（極薄切り）		100g	15g
青梗菜		70g	10g
油		大さじ1 2/3	小さじ1弱
a	中濃ソース	大さじ2弱	小さじ1弱
	塩	小さじ2/3弱	少量

幼児1人分 190kcal　塩分 1.4g
大人1人分 569kcal　塩分 4.2g

作り方 大人と幼児、作り分け

1 中華めんは1/7量を幼児用にとり分け、熱湯をかけて水洗いし、水けをきって5〜10cm長さに切る。大人用のめんは手でほぐしておく。

2 キャベツは2cm長さのせん切りにし、2、3分ゆでる。ハムは2cm長さのせん切りにする。青梗菜はやわらかくゆでて1cm角に切る。

3 フライパンに油を熱し、キャベツを入れてやわらかくなるまでいためる。ハムと青梗菜を加えていため合わせ、別のフライパンに幼児用に1/7量をとり出す。

4 大人用のめんを加えていため、aの6/7量で調味し、皿に盛る。

幼児 **3**に続けて幼児用のめんを入れていため、残りのaで調味し、皿に盛る。

献立ヒント
春菊のごまあえ（30ページ）
りんご

焼きうどん

幼児が食べやすいように、ゆでうどんは熱湯をかけて水洗いし、やわらかくします。うどんといっしょにいためる具はうどんと同じかたさにすると、食べやすくなります。

材料 大人2人分と幼児1人分
★赤文字は全体量のうちの幼児1人分の目安量

ゆでうどん（細）	500g	70g
サケ水煮缶詰め・玉ねぎ（あれば新玉ねぎ）	各140g	各20g
にんじん	70g	10g
さやいんげん	35g	5g
きくらげ	3.5g	0.5g
油	大さじ1強	小さじ½
a しょうゆ	大さじ1弱	小さじ⅓
a 塩	小さじ½強	少量
削りガツオ	½カップ弱	大さじ1⅓

幼児1人分134kcal　塩分1.4g
大人1人分435kcal　塩分3.5g

作り方 大人と幼児、作り分け

1 うどんは1/7量を幼児用にとり分け、熱湯をかけて水洗いし、5〜10cm長さに切る。

2 サケは汁けをきってほぐす。玉ねぎは2cm長さの薄切りにする。にんじんは薄い半月切りにして、やわらかくゆでる。

3 さやいんげんはやわらかくゆでて切り口の長さ1cmの斜め切りにする。きくらげは水に20分ほどつけてもどし、1cm長さのせん切りにする。

4 フライパンに油を熱し、玉ねぎを入れ、透き通るまでいためる。サケ、にんじん、さやいんげん、きくらげを加えていため合わせ、別のフライパンに幼児用に1/7量をとり出す。

5 大人用のうどんを加えていため、aの6/7量で調味し、皿に盛って6/7量の削りガツオをのせる。

幼児 **4**に続けて幼児用のうどんを加えていため、残りのaで調味し、器に盛り、残りの削りガツオをのせる。

献立ヒント
ほうれん草のお浸し
麸のみそ汁
甘夏柑

五色そうめん

汁けのないめん料理は、ごま油などであえるとなめらかな食感になり、食べやすくなります。

材料 大人2人分と幼児1人分
★赤文字は全体量のうちの幼児1人分の目安量

	そうめん	乾 210g	30g
	ツナ油漬け缶詰め	100g	15g
	トマト	140g	20g
	パプリカ（黄）・オクラ	各70g	各10g
a	ごま油	大さじ1強	小さじ½
a	塩	小さじ1	少量

幼児1人分 171kcal　塩分 1.2g
大人1人分 513kcal　塩分 3.7g

作り方 大人と幼児共通

1 そうめんはゆでて水洗いし、水けをきる。⅓量を幼児用にとり分け、5〜10cm長さに切る。

2 ツナは油をきる。トマトは皮と種を除いて1cm角に切る。パプリカはやわらかくゆでて皮をむき、1cm角に切る。オクラはやわらかくゆでて2mm幅の輪切りにする。

3 aを混ぜ合わせ、**2**をあえる。

幼児 **3**の⅓量を幼児用のそうめんとあえる。

献立ヒント

ピーマンと牛肉のいため物（31ページ）
かきたま汁
びわ

なによりのごちそうは？

沙織ちゃん（３歳６カ月）は、このごろよくままごとをして遊んでいます。テーブルの上にたくさんお皿を並べていろいろなものをのせて、スプーンを用意して準備が整ったところで、「せんせ～来て！　できたよ～」と私にお呼びがかかります。喜び勇んでテーブルにつくと、本当に見事にごちそうが並んでいます。

「どれから食べようか……？」と迷いながら沙織ちゃんを見ると、近くにいません。なにか思いついたことがあったのだろうと、そのままひとりで食べ始めました。

ところが、次の日もまた次の日もごちそうを並べて、私が呼ばれて食べる段階になると沙織ちゃんがいなくなることがセットになっていることに気づきました。不思議に思って沙織ちゃんを注意して見ていたら、食事のテーブルに私が着いたとたん、離れたところで立ったまま腕組みをして、私の食べる様子を見ていることに気づきました。

「沙織ちゃん、なにしてるの？　先生いつもひとりで食べるの淋しいなあ～。いっしょに食べたいから来て～」といってみると、「ちょっと待って！」と急に忙しそうに仕事をするかのような手の動かし方をし始めます。

「早く来て～！　ひとりぼっちじゃ淋しいよ～」とわざとオーバーに沙織ちゃんを呼ぶと、仕方なさそうに私の前に座ってくれました。

なぜ沙織ちゃんがこんな行動をとるのか不思議だったので、夕方お迎えにいらっしゃったお母さんに話したところ、「ああ～っ、私のまねですね。私がやっていることです。私は、実は好き嫌いが多いので、この子にはそうはなってほしくなくて……、離乳食のころからいろいろな食材を使って本を見ながらがんばって作ってきました。自分は別のものを食べるので、いっしょに食べていないんです。……沙織にしてみれば当然のことだと思っていたのでしょうね。沙織ごめんね……」

動物は生きていくためだけに必要な栄養をとる食事をしますが、人間だけは人といっしょに食べることを楽しむと聞きます。

幼い子どもと接したことのないまま親になった女性が、親になり、離乳食を作るときに、どれほどのプレッシャーになっているかは想像するにあまりあります。その責任感から、一生懸命作ることに専念するうちに、子どもの食事が知らず知らずのうちに特別なものになっていってしまっているようです。

また別の親子のエピソードでは、お母さんが仕事で疲れてやっと自宅に戻り、そのまま２人の子ども（３歳と６歳）の夕食を作るためにキッチンに立つ毎日。子どもも疲れているから、すぐに兄弟げんかも始まり、お母さんのイライラはピークに達します。

でも夕食だけは手を抜けない！　とがんばり続けていたようですが、ある日、「もういいや、今日は無理せず納豆ごはんですませよう」と納豆ごはんだけにしたら、２人の子どもが「ママ！　納豆ごはんありがとう！　おいしいね」と大喜び。

なぜそんなに嬉しかったのか？　と尋ねたら、「ママがいっしょに食べてくれてうれしい！」と、２人とも答えたそうです。

ごはん・パンの料理

ごはんやパンは食事の基本となる食品ですが、かために炊いたごはんはぽろぽろして噛みにくく、またもちもちしたパンは、噛んでいるうちに団子のようになって、飲み込みにくくなったりします。
ごはんとパンを使う料理について、それぞれ食べやすくする調理のくふうと料理を紹介します。

ごはん・パンの調理

ごはん

離乳食はお粥から始めるほど、日本人になじみ深いごはんですが、子どもには咀嚼が難しい食材の方に入ります。ですから、ふだん炊いているかたさのごはんが食べにくいようであれば、やわらかめに炊くということも必要になってきます。

ごはんを炊くときは、大人では米の重量の1.4倍の水を加えますが、子どもでは約1.7倍の水を加えたくらいのやわらかいごはんが、食べやすいようです。

○炊き込みごはん・混ぜごはん・チャーハン：ごはんに野菜などを加える場合は、加える食品はゆでるなどしてやわらかくし、ごはんとかたさをそろえると、食べやすくなります。かたさが異なるものをいっしょに噛むのは、子どもには難しいためです。

○カレーライス・ハヤシライス：ごはんの上から汁をかける料理では、野菜などは煮てあるのでやわらかいことが多いですし、とろみのある汁とごはんをいっしょに食べるので、子どもには食べやすいメニューです。

パン

パンには食パンやバターロールのほか、多くの

種類があり、好む子どもも多くみられます。

やわらかくしっとりしているパンは食べやすそうですが、噛んでいるうちにかたまりになり、飲み込むのが難しくなってしまう子どももいます。その場合は、一口の量を少なくしましょう。

また、パンは水分が少ないので、食べているときに口の中の水分がとられてしまい、飲み込みにくくなることもあります。

大人が食べる食パンは、歯切れが悪いので、歯が生えそろうまでは食べにくい食品です。サンドイッチなどは、中にはさむ具をスライスチーズのようなやわらかいものにしても、歯が生えそろっていない２歳半ごろまでは食べるのが難しいでしょう。しかし、表面を焼いてトーストにすると、歯切れがよくなって食べやすくなります。口の幅に合わせて２㎝幅くらいに切ると、さらに食べやすくなります。

子どもたちが食べやすいサンドイッチは、この本で紹介しているダグウッドサンドです。パンは、生地にバターを多く使っていないドッグパンかロールパンを使い、ペースト状の具をはさみます。生地にバターが少ないパンは歯切れがよいですし、ペースト状の具ははがれにくいので、子どもが食べやすくなります。

混ぜごはん……いろんなかたさがあって噛みにくいの

菜めし

やわらかく炊き上げたごはんに、
ごはんと同じくらいのかたさにゆでた青菜とシラス干しを混ぜます。

材料 大人2人分と幼児1人分
★赤文字は全体量のうちの幼児1人分の目安量

精白米	1カップ	30g
水	1½カップ弱	¼カップ
酒	大さじ1弱	小さじ½弱
塩	小さじ⅘弱	少量
青菜（ほうれん草・青梗菜など）	120g	20g
シラス干し	½カップ弱	大さじ1弱
酒	少量	少量
ごま油	小さじ2弱	少量
すり白ごま	小さじ1強	少量

幼児1人分 118kcal　塩分 0.9g
大人1人分 296kcal　塩分 2.3g

作り方 大人と幼児共通

1 米は分量の水に1時間以上浸し、酒と塩を加えてふつうに炊く。

2 青菜はやわらかめにゆでて水にとり、水けを絞ってみじん切りにする。シラス干しは酒を加えた沸騰湯で2～3分ゆでる。

3 フライパンにごま油を熱し、青菜をいためる。炊いたごはんに青菜、シラス干し、ごまを加えて混ぜる。

幼児 ⅙量を盛る。

献立ヒント
カリフラワーのクリーム煮（29ページ）
ほうれん草と油揚げのみそ汁

材料の原寸大

トマトライス

炊き込みごはんの具は、トマト、ツナ、玉ねぎなどのように、
炊きあがったときにごはんと同じくらいやわらかく
仕上がる食品にすると、かたさに差がなく、食べやすくなります。

材料 大人2人分と幼児1人分
★赤文字は全体量のうちの幼児1人分の目安量

精白米	1カップ	30g
水	1⅓カップ	¼カップ弱
トマト	小1個	20g
ツナ油漬け缶詰め	90g	15g
玉ねぎ	30g	5g
a ケチャップ	大さじ1強	小さじ½強
a 塩	小さじ½弱	少量

幼児1人分 144kcal　塩分 0.7g
大人1人分 360kcal　塩分 1.7g

作り方 大人と幼児共通

1 米は分量の水に1時間以上つける。

2 トマトは皮と種を除いて1cm角に切る。ツナは油をきる。玉ねぎはみじん切りにする。

3 **1**にaを加え混ぜ、**2**を上にのせてふつうに炊く。炊き上がったら、全体を混ぜる。

幼児 ⅙量を盛る。

献立ヒント

カジキマグロのかき揚げ（58ページ）
キャベツのカレー煮（22ページ）
じゃが芋とオクラのスープ

チャーハン

**チャーハンの具は、よくいためて
ごはんのかたさと同じくらいにすると、食べやすくなります。**

材料 大人2人分と幼児1人分
★赤文字は全体量のうちの幼児1人分の目安量

ごはん	480g	60g
卵	小3個	20g
ロースハム（極薄切り）・ねぎ	各65g	各8g
しいたけ	40g	5g
油	大さじ2⅔	小さじ1弱
a しょうゆ	大さじ1弱	小さじ⅓
a 塩	小さじ½強	少量
青のり	小さじ2	少量

幼児1人分 184kcal　塩分 1.0g
大人1人分 644kcal　塩分 3.5g

作り方 大人と幼児共通

1 卵は割りほぐし、ハムは5㎜角に切る。ねぎはみじん切りにし、しいたけは軸を除いてみじん切りする。

2 フライパンに油を熱し、ねぎとしいたけをいため、ねぎに火が通ったらハムを加え、いため合わせる。

3 強火にして卵を流し入れ、細かくほぐしながら火を通す。卵が半熟状になったらごはんを加え、ほぐしながらいためてaで味を調える。

幼児 ⅛量を盛り、青のりをふる。

献立ヒント
ほうれん草のお浸し
玉ねぎとわかめのスープ
りんご

ピザ風トースト

食パンをトーストすると、歯切れがよくなって、幼児が食べやすくなります。

材料 大人2人分と幼児1人分
★赤文字は全体量のうちの幼児1人分の目安量

		全体量	幼児1人分
8枚切り食パン		5枚	1枚
バター		大さじ1弱	小さじ½
幼児	トマトケチャップ		小さじ2
	粉チーズ		小さじ1
大人	ピザ用ソース	大さじ2	
	スライスチーズ	2枚	

幼児１人分 155kcal　塩分 1.0g
大人１人分 341kcal　塩分 1.9g

作り方 大人と幼児、作り分け

1　パンにバターを塗る。1枚を幼児用にトマトケチャップを塗り、粉チーズをふりかける。残りは大人用にピザソースを塗り、スライスチーズをのせる。

2　オーブントースターで３分くらいチーズがとけるまで焼く。

幼児 長さを半分にし、2cm幅に切って盛る。

献立ヒント
カレー風味のクリームシチュー（84ページ）
キウイフルーツ

仕上がりの原寸大

カレーパン

パンの中に具を入れると、パンだけを食べるより、口の中でかたまりにくくなります。

献立ヒント

カリフラワーのクリーム煮（29ページ）
豚肉とかぶのスープ（45ページ）
みかん

材料 大人2人分と幼児1人分
★赤文字は全体量のうちの幼児1人分の目安量

ロールパン	5個	1個
牛豚ひき肉	125g	25g
玉ねぎ・ピーマン	各25g	各5g
油	小さじ1強	少量
a 中濃ソース	小さじ2弱	少量
a 水	小さじ1	少量
a しょうゆ	小さじ⅔	少量
a カレー粉	少量	少量
小麦粉	大さじ1弱	小さじ⅔
小麦粉	大さじ3	小さじ2弱
水	大さじ2½	小さじ1弱
とき卵	大½個分	7g
パン粉	大さじ3強	小さじ2
揚げ油		

幼児１人分 247kcal　塩分 0.7g
大人１人分 494kcal　塩分 1.4g

作り方 大人と幼児共通

1 ロールパンは半分に切り、断面に横に切り目を入れて、袋状にする。玉ねぎとピーマンはみじん切りにする。

2 フライパンに油を熱し、弱火で玉ねぎとピーマンをやわらかくなるまでいためる。ひき肉を加え、ほぐしながらいため、火が通ったらaで調味する。小麦粉を加え混ぜ、全体がかたくなるまでいためる。

3 10等分にし、それぞれパンの中に詰める。パンの上下を押さえてつぶし、水でといた小麦粉を袋の口につけて閉じる。とき卵を表面に薄くつけ、パン粉をまぶして200℃の油で表面がきつね色になるまで揚げる。

幼児 2個を盛る。

材料の原寸大

ダグウッドサンド

サンドイッチには、ペースト状の具をはさむと食べやすくなります。

材料 大人2人分と幼児1人分

★赤文字は全体量のうちの幼児1人分の目安量

ロールパン	5個	1個
バター	大さじ1⅓	小さじ1弱
卵	小2個	20g
マヨネーズ	大さじ1⅓弱	3g
塩	少量	少量
ひき割り納豆	50g	10g
しょうゆ	小さじ½弱	少量
青のり	小さじ½	少量

幼児1人分 187kcal　塩分 0.8g
大人1人分 373kcal　塩分 1.5g

作り方 大人と幼児共通

1 ロールパンは4枚ずつに切り分ける。それぞれ上から、両側を少し残して、ポケット状になるように深い切り目を入れる。切れ目の内側にバターを塗る。

2 卵はかたゆでにしてフォークで1〜2㎜ていどに細かくし、マヨネーズと塩で味つけする。

3 納豆はしょうゆと青のりを加え、よく混ぜる。

幼児 **2**の⅕量をパン½(2切れ)にはさむ。**3**も同様に、⅕量を½個（2切れ）にはさむ。

献立ヒント

コーンポタージュ（83ページ）
ブロッコリーのソテー
りんご

好きになるチャンス

離乳食の初期のころから、芋類が苦手な花衣沙ちゃん（1歳）。お芋が入っていると気づくと、その食器を保育者が手にしただけで横を向いて、食べませんよ～のポーズをとります。

さりげなく好物の“野菜のおかかあえ”の次に口に運んでも、すぐにわかって口から出してしまいます。

ときには口に入ったとたんに「おえっ」となったりするので、食感が嫌なのか香りが嫌なのかわかりませんが、本当に苦手なようです。

でも献立の中に芋がある場合は、いちおう本人の前にも出し、一度はすすめてみますが、嫌がったら、「おいしいのになあ、残念ね。いつか食べたくなったら食べてみてね」と無理をせずに食べ残していました。

秋のある日、みんなで芋掘り遠足で掘ってきたさつま芋を、園庭で焼き芋にしました。花衣沙ちゃんは保育者の抱っこやバギーの中で、お兄さんお姉さんがさつま芋を洗ったり、アルミホイルや新聞紙で包む様子や、たき火の中にお芋が入る様子を見ていました。

しばらくして焼き芋ができ上がり、みんなが「ふ～ふ～っ」とさましながら花衣沙ちゃんの目の前で食べ始めました。

当然、花衣沙ちゃんは嫌がるだろうと思っていましたので、ほかの子に少しずつ冷ました焼き芋を口元へ運んであげ、その様子を花衣沙ちゃんにはしばらく見ていてもらいました。

私も、「うわ～焼き芋っておいしいねえ」と花衣沙ちゃんの目の前で食べて見せて、最後にいつものように、一度はすすめるというつもりで、「花衣沙ちゃんもどうぞ」と口元まで持っていくと、なんと口を大きく開けて待っているではありませんか！

目を疑いながらも、さりげなく当然のように口へ入れたら、もぐもぐと食べてしまいました。

本当は飛び上がって喜ぶところですが、本人にあまり意識させてしまうといけないので、さりげなく細めの焼き芋を1本持たせてみました。

“食べたければ自分のペースでどうぞ”と、ほかの子と同じように本人に任せてみたのです。そうしたら、あっという間に1本ぺろりと食べてしまいました。

本当に驚きました。食べるという行為は口だけでするものではなく、やはり頭の中で感じて食べるものなのだということが、よくわかりました。

食の幅を広げる料理

幼児期は一生の味覚の基礎を形成する時期ですので、少しずつ、いろいろな味を体験する機会をつくりたいものです。
また、食事とは違う喜びが体験できるおやつも、食べる楽しさを知る時間です。たまには気張らない手作りおやつで、大人もいっしょに楽しめるといいですね。

食の幅を広げる料理

乾物

乾物は食品を乾燥させて保存性を高めたもので、独特の風味が味わえます。食品ごとに見てみますと、豆類では大豆、金時豆、白いんげん豆、高野豆腐など、きのこ類ではしいたけ、きくらげ、海藻類ではこんぶ、わかめ、ひじきなど、野菜類では、かんぴょう、切り干し大根など多くの種類があります。

日本の伝統的な食事にとり入れられてきた食品ですので、子どものうちからさまざまな乾物を味わう機会を多く持ちたいと思います。

これまでのページで、豆・海藻・きのこの料理をとり上げましたが、乾物として切り干し大根と高野豆腐のレシピを紹介します。

切り干し大根は煮るとやわらかくなりますし、高野豆腐は薄く切るようにすれば、食べやすくなります。どちらも、だしをきかせてうま味のある食品とともに煮ると、おいしく食べられます。

調味料

味には、甘味・塩味・酸味・苦味・うま味の五つがありますが、この中で子どもが好まないのは酸味と苦味です。

酸味は食べ物が腐った味で、苦味は体に有害なものの味なので、身を守るために子どもが敬遠するのだと説明されます。酢の物やピーマンを好んで食べないのには、理由があるのです。

苦味がおいしく感じるまでには、長い時間が必要です。一方、酸味は甘味やうま味を加えると、食べやすくなります。紹介するレシピでは、酢にだし汁・みそ・砂糖を加えて、酸味をやわらげています。

香辛料の中で、辛味のあるこしょうやとうがらしは、子どもには食べられません。口に入れると辛いと感じるのは、実は痛みだからです。この本では、マーボーなすを紹介していますが、子どもの味つけにはトマトケチャップで代用しています。

カレー粉は、香りつけに少量であれば、幼児にも使えます。

おやつ

子どものおやつは、朝・昼・晩の食事にプラスする４回目の食事と考えた方がよいでしょう。子どもは発育が盛んであるのに、一度にたくさん食べられないためです。

食事なので、おもにエネルギーだけを補給する甘いお菓子やスナック菓子ではなく、ごはん・野菜・芋・小麦粉・卵・乳製品を使って作る軽食をおすすめします。

手作りでなくても、市販の焼き芋、バナナなどのくだもの、干し柿などのドライフルーツ、パン、小さい煮干し、牛乳、ヨーグルト、チーズなどを２～３種類組み合わせればよいのです。少し手をかけて、おにぎりやダグウッドサンドでもいいですね。

乾物……うま味があっておいしいよ

高野豆腐の卵とじ

高野豆腐は、幼児には噛みにくい食品なので、薄く小さく切ります。煮汁といっしょに食べると、しっとりして食べやすくなります。

材料 大人2人分と幼児1人分
★赤文字は全体量のうちの幼児1人分の目安量

高野豆腐		1枚（14g）	2g
卵		小2個	15g
小松菜・にんじん		各70g	各10g
だし		¾カップ	大さじ1⅔
a	しょうゆ	小さじ⅓	少量
a	塩	小さじ⅕	少量

幼児１人分 36kcal　塩分 0.3g
大人１人分 107kcal　塩分 0.9g

作り方 大人と幼児共通

1 高野豆腐は熱めの湯につけてもどす。水洗いし、水けをしぼって1cm角の色紙切りにする。卵は割りほぐす。

2 小松菜はやわらかくゆでて水にとり、さめたら水けを絞って1cm長さに切る。にんじんは1cm角の色紙切りにする。

3 なべにだし、高野豆腐、にんじんを入れ、ふたをしてにんじんがやわらかくなるまで煮る。小松菜を加え、aで調味し、煮立ったら卵を流し入れ、ふたをして火を通す。

幼児 ⅐量を盛る。

献立ヒント
白身魚の煮つけ（55ページ）
大根とわかめのみそ汁
ごはん

切り干し大根の煮物

煮汁を多めに残して仕上げると、しっとりして幼児が食べやすくなります。煮たあと、そのまましばらくおくと、うま味がしみ込み、おいしくなります。

材料 大人2人分と幼児1人分
★赤文字は全体量のうちの幼児1人分の目安量

切り干し大根	乾15g	3g
干ししいたけ	1枚(2.5g)	0.5g
油揚げ	1枚(20g)	4g
にんじん	50g	10g
a だし	½カップ	大さじ1⅓
a 切り干し大根のもどし汁	¾カップ弱	大さじ2
a しいたけのもどし汁	大さじ2	小さじ1
しょうゆ	小さじ1⅓	小さじ⅓弱
砂糖	小さじ⅓強	少量

幼児1人分28kcal　塩分0.3g
大人1人分57kcal　塩分0.6g

作り方 大人と幼児共通

1 切り干し大根はひたひたの水に15分ほどつけてもどす。水けを絞って1cm長さに切る(もどし汁はとっておく)。干ししいたけはひたひたの水に5～6時間つけてもどし、軸を除いてみじん切りにする(もどし汁はとっておく)。

2 油揚げは熱湯をかけて油抜きし、さめたら水けを絞って5mm角に切る。にんじんは2cm長さのせん切りにする。

3 なべにa、**1**、**2**を入れ、ふたをして弱火で煮る。切干大根がやわらかくなったら、しょうゆと砂糖で調味し、5分ほど煮る。

幼児 ⅕量を盛る。

献立ヒント
サワラのねぎみそ焼き(57ページ)
けんちん汁
ごはん

調味料……いろんな味を楽しんでね

マーボーなす

大人は豆板醤で仕上げますが、幼児は辛味がなく甘酸っぱい味のトマトケチャップに変えて食べやすくしました。
ケチャップの味で、なすの辛味もやわらいで、食べやすくなります。

材料 大人2人分と幼児1人分
★赤文字は全体量のうちの幼児1人分の目安量

		全体量	幼児1人分
なす		200g	30g
揚げ油			
豚ひき肉・ねぎのみじん切り		各70g	各10g
油		小さじ2弱	小さじ¼
幼児	水		大さじ2
	トマトケチャップ		小さじ1
	みそ		少量
大人	水	180mℓ	
	みそ	小さじ½弱	
	豆板醤	小さじ½～1	
[かたくり粉・水		各小さじ1	各少量

幼児1人分 90kcal　塩分 0.3g
大人1人分 243kcal　塩分 0.5g

作り方 大人と幼児、作り分け

1　なすは皮をむいて1cm角に切り、水に2～3分さらして水けをふきとり、120℃～130℃の油で色よく揚げる。

2　フライパンに油を熱し、ねぎを入れて透き通るまでいためる。ひき肉を加え、ほぐしながらいため合わせ、別のフライパンに$\frac{1}{7}$量をとり出す。

3　大人用の水と調味料を加えていため、煮立ったら$\frac{6}{7}$量のなすを加えて2～3分煮、$\frac{6}{7}$量の水ときかたくり粉を加えてとろみをつける。

幼児 **2**に続けて幼児用の水と調味料を加えていため、煮立ったら$\frac{1}{7}$量のなすを加える。2～3分煮たら残りの水ときかたくり粉を加え、とろみをつける。

献立ヒント
シシャモの衣揚げ (54ページ)
もやしとじゃが芋のみそ汁
ごはん

カリフラワーの酢みそあえ

酢みそはだしを加えてあるので、
酸味がやわらいで、幼児が食べやすくなります。

材料 大人2人分と幼児1人分
★赤文字は全体量のうちの幼児1人分の目安量

	カリフラワー	175g	25g
	ブロッコリー	35g	5g
	シラス干し	20g	3g
a	だし	大さじ1弱	少量
a	みそ	小さじ2弱	少量
a	酢	小さじ1強	少量
a	砂糖	小さじ$\frac{2}{3}$	少量

幼児1人分 16kcal　塩分 0.3g
大人1人分 48kcal　塩分 1.0g

作り方 大人と幼児共通

1 カリフラワーとブロッコリーは小さい小房に切り分け、やわらかくゆでる。シラス干しは2～3分ゆでて湯をきる。

2 aをよく混ぜ合わせ、**1**をあえる。

幼児 $\frac{1}{7}$量を盛る。

献立ヒント
牛肉と豆腐のオイスターソース煮（44ページ）
小松菜と麩のすまし汁
ごはん

おやつ……おいしくて、楽しいね！

ポテトミートソース

**もそもそして食べにくい、ゆでただけのじゃが芋も、
ミートソースをかけるとしっとりして食べやすくなります。**

材料 大人2人分と幼児1人分
★赤文字は全体量のうちの幼児1人分の目安量

	じゃが芋	300g	60g
	塩	小さじ$\frac{1}{5}$	少量
	豚ひき肉	75g	15g
	玉ねぎ	100g	20g
	にんじん	50g	10g
	油	小さじ1強	少量
a	カットトマト水煮缶詰め	150g	30g
a	トマトケチャップ	小さじ1$\frac{1}{2}$	少量
a	みそ	小さじ$\frac{2}{3}$	少量

幼児1人分 107kcal　塩分 0.6g
大人1人分 215kcal　塩分 1.2g

作り方 大人と幼児共通

1　じゃが芋は2〜3㎜厚さのいちょう切りにし、少しくずれるくらいにやわらかくゆでる。ざるにあげ、熱いうちに塩をふる。玉ねぎとにんじんはみじん切りにする。

2　フライパンに油を熱し、玉ねぎとにんじんを弱火でいためる。玉ねぎが透き通ったらひき肉を加え、ほぐしながらいため合わせ、aを加える。底からかき混ぜながら、$\frac{2}{3}$くらいの量になるまで煮詰める。

幼児 $\frac{1}{5}$量のじゃが芋と$\frac{1}{5}$量の**2**をあわせ、器に盛る。

材料の原寸大

にんじん蒸しパン

ふっくらとした蒸しパンにするには、「卵白をしっかり泡立てる」「混ぜるときは大きく混ぜて回数をなるべく少なくする」「とかしバターは熱いうちに混ぜる」この3点に気をつけます。

材料 大人2人分と幼児1人分
★赤文字は全体量のうちの幼児1人分の目安量

にんじん	40g	8g
レーズン・黒砂糖（粉状）	各25g	各5g
小麦粉	1カップ弱	20g
ベーキングパウダー	小さじ1	小さじ¼弱
卵	大1個（75g）	15g
牛乳	大さじ2弱	小さじ1
バター	大さじ1弱	小さじ½

幼児1人分 157kcal　塩分 0.3g
大人1人分 314kcal　塩分 0.5g

作り方 大人と幼児共通

1 小麦粉とベーキングパウダーは合わせてふるう。にんじんは5㎜角に切り、やわらかくゆでる。レーズンは熱めの湯につけてもどし、半分に切る。

2 卵は黄身と白身に分け、卵黄はほぐし、卵白は角が立つくらい泡立てる。

3 1の粉と黒砂糖、にんじん、レーズンを混ぜ合わせ、卵黄、泡立てた卵白、牛乳を加えてさっくりと混ぜる。バターを電子レンジでとかし、熱いうちに加えて混ぜる。

4 紙製のマフィン型などに5等分に分け、蒸気の上がった蒸し器で7～10分強火で蒸す。竹串を刺して何もついてこなければできあがり。

幼児 1個を盛る。

枝豆ドーナツ

枝豆の風味が味わえるドーナツなので、幼児に好まれるおやつです。

材料 大人2人分と幼児1人分

★赤文字は全体量のうちの幼児1人分の目安量

枝豆（さやつき）	110g	20g
小麦粉	1カップ弱	大さじ2強
ベーキングパウダー	小さじ1	小さじ¼弱
卵	小1個（40g）	8g
砂糖	大さじ3弱	小さじ1½弱
牛乳	¼カップ	大さじ⅔
バター	大さじ1¼	小さじ¾
揚げ油		

幼児1人分 240kcal　塩分 0.2g
大人1人分 480kcal　塩分 0.5g

作り方 大人と幼児共通

1 小麦粉とベーキングパウダーは合わせてふるう。枝豆はさやごと15分ほどゆで、さやから出す。スプーンの背やポテトマッシャーなどで軽くつぶし、粉と混ぜ合わせる。

2 卵は卵黄と卵白に分け、卵黄はほぐし、卵白は砂糖を2〜3回に分けて加えながら、角が立つくらいに泡立てる。

3 1に卵黄、牛乳、泡立てた卵白を加えてさっくり混ぜる。バターを電子レンジでとかし、熱いうちに加えて混ぜる。

4 180℃の油に小さじ1杯ずつすくっては落とし入れ、上下を返しながらきつね色に揚げる（30〜35個できる）。竹串を刺して何もついてこなければできあがり。

幼児 6個を盛る。

キャベツのお好み焼き

幼児が食べやすいよう、つなぎの長芋、卵、だしの量を多めにして、やわらかい生地にしています。

材料 大人2人分と幼児1人分
★赤文字は全体量のうちの幼児1人分の目安量

キャベツ・長芋	各100g	各20g
桜エビ	大さじ2強	小さじ1強
小麦粉	1カップ弱	大さじ2強
卵	大1個	15g
だし	¼カップ	大さじ⅔
油	大さじ1¼	小さじ1弱
マヨネーズ	大さじ2¼	小さじ1⅓
中濃ソース	大さじ1¼弱	小さじ⅔
青のり	小さじ2½	小さじ½
削りガツオ	½カップ	大さじ1⅓

幼児1人分 191kcal　塩分 0.5g
大人1人分 382kcal　塩分 1.1g

作り方 大人と幼児共通

1 キャベツは2cm長さのせん切りにする。長芋は皮をむいてすりおろす。桜エビはあらく刻む。

2 卵を割りほぐし、だしを加えてよく混ぜる。長芋に少しずつ加えながらよく混ぜる。

3 ボールに小麦粉、キャベツを入れ、**2**を加えて粉っぽさがなくなるまでよく混ぜる。

4 フライパンに油を熱し、**3**を⅕量ほど流して厚みを均一にし、桜エビの⅕量をのせ、ふたをして中火で焼く。表面が固まってきたら裏返し、火が通るまで焼く。残りも同様にして5枚焼く。

幼児 1枚を皿に盛り、⅕量のマヨネーズ、中濃ソースを表面に塗り、⅕量の青のりと削りガツオをかける。

幼児のごはんの基本

献立の立て方について

献立のメニューを決めるときは、「主食・主菜・副菜・汁物」の順に、次のように考えます。

①主食：ごはん、パン、めんなど、食事のベースになるものを選びます。

②主菜：主材料に魚・肉・卵を使ったおかずです。これらの食品から、なにを使うかを決めてから、料理を決める方法もあります。

③副菜：豆類・野菜・芋・海藻・きのこを使ったおかずです。主菜とは違う材料、調理法、味の料理にします。

④汁物：主菜が和風なら、みそ汁やすまし汁にし、実を決めます。主菜が洋風なら洋風の汁もの、スープやシチューなどにします。使う食材と味つけは主菜、副菜とは違うものにします。

献立には、旬の食材をとり入れると季節感がありますし、またいろいろな色の野菜を使うと、食材の色を生かした彩りのよいメニューになります。

子どもの食事量について

子どもはたくさん食べたかと思うと、ほとんど食べないこともあり、食べる量にむらが大きく、足りているかどうかわかりにくいですね。しかし、子どもの適切な食事の量を科学的な根拠によって決めることはほとんど不可能です。そこで、次のように考えたらいかがでしょうか。

少食という印象の子どもでも、身長や体重の変化を見てみると、時間を追って右上がりの曲線になります。食べる量は少ない印象でも、食事の量は発育の様子に反映されていると思われます。つまり、乳児のときからのその子どもなりの発育の様子が、引き続き見られれば、食事の量は足りていると考えられます。

食事ごとに食べる量が多い少ないということにはこだわらず、その時に食べた量が子どもの必要とする量だととらえるとよいでしょう。

食事の目安量の使い方について

幼児の１食に必要な食品の目安量と１日に必要な食品の目安量を、右の表にまとめました。子どもの食べる量には個人差がありますので、食事を作るときに、この量を目安として、必要があれば増減していただきたいと思います。

○主食グループ：毎食、ごはん・パン・めんのうち、かならず1品使います。

○主菜グループ：主菜の主材料として魚介類・肉・卵の中から1品使います。
○副菜グループ：副菜には、このグループの食品を組み合わせて使います。毎食すべての食品がそろわなくても、１日の食事とおやつでとるよう心がければよいのです。
○くだもの：毎食ではなく、たとえば、昼に30 g、おやつに70 g とまとめて使い、１日の合計が100 g になればよいのです。
○牛乳・乳製品：毎食ではなくてもよく、料理やおやつに使うとよいでしょう。

幼児の食事の目安量

	食品名	1食の目安量（g）	1日の目安量（g）
主食グループ	ごはん	50	100
	パン	40	40
	めん	70	70
主菜グループ	魚介類	30	30
	肉	30	30
	卵	30	30
副菜グループ	大豆・大豆製品	合わせて 15～45	合わせて 45
	大豆以外の豆		
	緑黄色野菜	合わせて 40～60	合わせて 230
	淡色野菜		
	きのこ		
	海藻		
	芋		
砂糖・油脂グループ	砂糖	0～2	3
	ごま	合わせて 0～5	合わせて 5
	油脂		
くだもの	くだもの	30～40	100
牛乳・乳製品	牛乳・乳製品	100（飲む場合）	250

・「日本人の食事摂取基準」（2010年版）1～2歳に基づき、作成しました。
・乾物（めん類、大豆・大豆製品、大豆以外の豆、海藻など）は、水でもどすかゆでるかした重量を目安量にします。
作成／加藤初枝

巻末付録1

食材別調理のコツと本書の料理索引

食材を特徴ごとに分類し、幼児が食べにくい理由と、食べやすくするための調理のコツをまとめました。ふだんのお料理づくりの参考にしてください。

野菜の調理

食材の分類	食べにくい理由	食材名	調理のコツ	料理名	掲載ページ
葉野菜 	咀嚼がうまくできないため、薄いものは噛みづらく、小さく噛みつぶすことができない。	キャベツ	軸は除き、繊維を断つように1㎝角くらいに小さく切って、やわらかく煮る。	キャベツのカレー煮	22
		ほうれん草	つまんでみて、力を入れなくてもつぶれるくらいやわらかくゆで、1㎝ほどの長さに切る。	ほうれん草の白あえ	23
		青梗菜	つまんでみて、力を入れなくてもつぶれるくらいやわらかくゆで、1㎝角くらいに小さく切る。	青梗菜のシラスあえ	24
		白菜	葉は2㎝角、軸は1㎝角くらいに小さく切って、つまんでみて、力を入れなくてもつぶれるくらいやわらかくゆでる。	白菜と油揚げの煮物	25
根・実の野菜 	大人向きのゆで方では、子どものあごの力では噛みつぶせない。	ブロッコリー	小さい小房に分け、つまんでみて、力を入れなくてもつぶれるくらいやわらかくゆでる。	ブロッコリーのオイスターソースソテー	26
		パプリカ	つまんでみて、力を入れなくてもつぶれるくらいやわらかくゆで、皮をむいて5㎜角くらいに小さく切る。		
		れんこん	2～3㎜厚さのいちょう切りくらいに小さく切って、つまんでみて、力を入れなくてもつぶれるくらいやわらかく煮る。	れんこんのきんぴら風煮	27
		にんじん	2～3㎜厚さのいちょう切りくらいに小さく切って、つまんでみて、力を入れなくてもつぶれるくらいやわらかく煮る。		
		ごぼう	5㎜厚さくらいに小さく切って、芋のようなやわらかさになるまで煮る。	ごぼうと牛肉の煮物	28
		カリフラワー	小さい小房に分け、つまんでみて、力を入れなくてもつぶれるくらいやわらかく煮る。	カリフラワーのクリーム煮	29
		玉ねぎ	1㎝角くらいに小さく切って、つまんでみて、力を入れなくてもつぶれるくらいやわらかく煮る。		
苦味・辛味のある野菜 	本能的に、苦味や渋味、辛味は、体に害のある味と認識しているため、敬遠する。	春菊	風味のよいごまペーストで特有の風味をやわらげる。	春菊のごまあえ	30
		ピーマン	色がくすむくらいよくゆで、濃いめの味つけをした肉や魚などと合わせて苦味をやわらげる。	ピーマンと牛肉のいため物	31
		大根	つまんでみて、力を入れなくてもつぶれるくらいやわらかくゆで、苦味をやわらげる。	大根のいためなます	32
		なす	よく水にさらし、油で揚げてコクを加える。	なすのグラタン	33

肉の調理

食材の分類	食べにくい理由	食材名	調理のコツ	料理名	掲載ページ
ひき肉	かたく小さくぽろぽろしているため、うまく咀嚼できない。	鶏ひき肉	パン粉・卵など、やわらかくするつなぎを加えてまとめる。	つくね団子の揚げ煮	38
		牛ひき肉	パン粉・卵など、やわらかくするつなぎを加えてまとめる。	メンチカツ	39
		豚ひき肉	パン粉・卵など、やわらかくするつなぎを加えてまとめる。	肉団子の煮込み	40
		牛豚ひき肉	パン粉・卵など、やわらかくするつなぎを加えてまとめる。	ミートローフ	41
鶏肉　牛・豚薄切り肉	繊維がかたいため、子どものあごの力では、噛み切るのが難しい。	鶏ささ身	繊維を断つように薄く切り、酒をまぶしてしばらくおき、やわらかくする。	鶏ささ身のごまみそあえ	42
		鶏胸肉	薄いそぎ切りにし、酒をまぶしてしばらくおき、やわらかくする。	鶏肉の照り焼き	43
		牛ももしゃぶしゃぶ用肉	1cm角くらいに小さく切り、酒・しょうゆ・みりんをまぶしてしばらくおき、やわらかくする。	牛肉と豆腐のオイスターソース煮	44
		豚ももしゃぶしゃぶ用肉	1cm角くらいに小さく切り、酒をまぶしてしばらくおき、やわらかくする。	豚肉とかぶのスープ	45

魚の調理

食材の分類	食べにくい理由	食材名	調理のコツ	料理名	掲載ページ
まるごと調理する魚	小さい魚は身がやわらかく食べやすいが、口に入った骨をじょうずに出すことができない。	真イワシ	骨をていねいに除く。生臭いので、煮つけにすると子ども好みになる。	イワシの梅煮	50
		ニジマス	小骨が多いので、ていねいに除いてほぐす。	ニジマスの塩焼き	51
		アジ(三枚おろし)	小骨が残っていないか、ていねいに見る。	アジのレモンマリネ	52
		キス(三枚おろし)	小骨が残っていないか、ていねいに見る。	キスのフライ	53
		シシャモ	歯が生えそろっていれば丸ごと与える。歯が生えそろっていない子には、骨を除いてあらくほぐして与える。	シシャモの衣揚げ	54
切り身魚	切り身にするような大きな魚は、身がかたく、脂が少なくパサパサして噛みにくいものがある。	スズキ・カラスガレイ・メダイ・メルルーサなど	脂が少なくパサパサするので、煮汁を含ませてしっとりさせる。	白身魚の煮つけ	55
		タラ	脂が少なくパサパサするので、とろみのあるあんをかけてしっとりさせる。	タラの野菜あんかけ	56
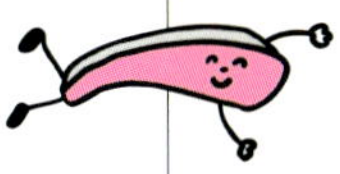		サワラ	酒・みりんなどの調味料をまぶしてしばらくおき、しっとりやわらかくする。	サワラのねぎみそ焼き	57
		カジキマグロ	1cm角くらいに小さく切り、油で揚げて油分を補い、歯切れよくしっとりさせる。	カジキマグロのかき揚げ	58
		サケ	油で焼いて油分を補い、しっとりさせる。	サケのムニエル	59

豆・芋・海藻・きのこの調理

食材の分類	食べにくい理由	食材名	調理のコツ	料理名	掲載ページ
ほくほくの豆・芋	唾液の量が少ないため、粉っぽいとむせてしまう。	じゃが芋（男爵）	1㎝角くらいに小さく切って、汁けのある料理にする。	じゃが芋のタラコ煮	64
		さつま芋	7〜8㎜角くらいに小さく切って、肉などで包むなどし、しっとり食べられるようにする。	さつま芋と豚肉の煮物	65
		白いんげん豆	1粒を半分に切り、汁けのある料理にする。	いんげん豆のトマト煮	66
ねっとりした豆・芋	口の中で団子状にまとまってしまい、飲み込めなくなる。	里芋	5㎜幅のいちょう切りくらいに小さく切り、汁けのある料理にする。	里芋とエビの煮物	67
		金時豆	1粒を半分に切り、汁けのある料理にする。	金時豆の和風シチュー	68
		じゃが芋（メークイン）	1.5㎝厚さの半月切りにし、煮くずす。（薄く小さく切ると煮くずれないので、少し大きめに切る）	じゃが芋のグラタン	69
海藻	咀嚼がうまくできないため、薄いものは噛みづらく、小さく噛みつぶすことができない。	乾燥カットわかめ	水でもどし、細かく刻む。	わかめと豆腐のみそ汁	70
		早煮こんぶ	5×1㎝くらいに小さく切り、つまんでみて、力をいれなくてもつぶれるくらいやわらかく煮る。	こんぶと手羽先の煮物	71
		長ひじき	長ひじきを使うと、やわらかく仕上がる。水につけてもどし、1.5㎝くらいに短く切り、やわらかく煮る。	ひじきのサラダ	72
きのこ	繊維がかたく、子どものあごの力では噛みつぶせない。	まいたけ	小さく裂いて5㎜幅くらいに小さく切る。	まいたけと白菜の煮浸し	73
		エリンギ	軸とかさはそれぞれごく薄く切る。	エリンギのみそ汁	74
		えのきたけ	1㎝くらいに短く切る。	きのこと厚揚げのくず煮	75
		干ししいたけ	水に5〜6時間つけてもどし、軸は除き、みじん切りにする。		

卵・牛乳の調理

食材の分類	食べにくい理由	食材名	調理のコツ	料理名	掲載ページ
卵	加熱した卵は水分が少ないため、口当たりがもそもそした感じになり、飲み込みにくい。	卵（スクランブルエッグ）	卵の¼量の牛乳を加え、しっとりさせる。	じゃが芋のスクランブルエッグ	80
		卵（卵とじ）	多めのだしを加え、汁けといっしょに食べるようにする。	玉ねぎの卵とじ	81
		卵（和風オムレツ）	卵の約半量のだしを加え、しっとりさせる。	千草卵	82
牛乳	特有の風味を感じ、敬遠する。	牛乳（スープ）	クリームコーンや玉ねぎを加え、牛乳の風味をやわらげる。	コーンポタージュ	83
		牛乳（シチュー）	肉や野菜、カレー粉の香味を加え、牛乳の風味をやわらげる。	カレー風味のクリームシチュー	84
		牛乳（グラタン）	魚や肉、玉ねぎを加え、牛乳の風味をやわらげる。	サケとほうれん草のグラタン	85

めんの調理

食材の分類	食べにくい理由	食材名	調理のコツ	料理名	掲載ページ
汁のあるめん	めんをすすって食べることができない。	ゆでうどん(なるべく細いものを選ぶ)	熱湯をかけてやわらかくし、水で洗ってぬめりをとり、5～10cmくらいに切る。	あんかけうどん	90
		乾燥うどん(なるべく細いものを選ぶ)	大人のゆで加減よりやわらかくゆでる。水洗いしてぬめりをとり、5～10cm長さに切る。	みそ煮込みうどん	91
		そうめん	細くて噛み切りやすいので、大人と同じゆで加減でゆでる。水洗いしてぬめりをとり、5～10cm長さに切る。	卵とじそうめん	92
汁のないめん	唾液の量が少ないため、汁けがないとパサパサして食べにくい。	蒸し中華めん	熱湯をかけてしっとりさせ、5～10cmくらいに切る。	ソース焼きそば	93
		ゆでうどん(なるべく細いものを選ぶ)	熱湯をかけてやわらかくし、水で洗ってぬめりをとり、5～10cmくらいに切る。	焼きうどん	94
		そうめん	細くて噛み切りやすいので、大人と同じゆで加減でゆでる。5～10cm長さに切り、ごま油であえてしっとりさせる。	五色そうめん	95

ごはん・パンの調理

食材の分類	食べにくい理由	食材名	調理のコツ	料理名	掲載ページ
混ぜごはん	いろいろなかたさの食材があると、食べにくい。幼児のごはんは通常より水を増し、やわらかく炊く。	混ぜごはん(炊きあがったごはんに混ぜる)	ごはんは米の重量の1.7倍の水でやわらかく炊く。野菜などの具はごはんと同じくらいのやわらかさにゆでで、みじん切りくらいに小さく切る。	菜めし	100
		炊き込みごはん(米といっしょに炊く)	皮と種を除いて1cm角くらいに小さく切ったトマト・みじん切りの玉ねぎ・ツナなど、炊きあがったときにごはんと同じくらいのやわらかさになる具を選ぶ。	トマトライス	101
		いためごはん	具は先によくいため、ごはんとおなじくらいのやわらかさになるよう加熱する。	チャーハン	102
パン	唾液の量が少ないため、しっとりしたパンは、口の中で団子状になってしまう。	食パン	トーストにして歯切れをよくする。長さを半分にし、さらに2cm幅くらいに小さく切る。	ピザ風トースト	103
		ロールパン(揚げる)	パンに具を入れ、パンのみを食べるより団子になりにくくし、油であげて歯切れをよくする。	カレーパン	104
		ロールパン(生)	薄くスライスし、ペースト状の具をはさむ。	ダグウッドサンド	105

食の幅を広げる料理

			調理のコツ	料理名	掲載ページ
乾物	伝統的な味わいを楽しむ。	高野豆腐	1cm角くらいに薄く小さく切り、汁けを多めにする。	高野豆腐の卵とじ	110
		切り干し大根	水に15分ほどつけてもどし、1cm長さくらいに短く切る。煮たあとしばらくおき、うま味をしみ込ませる。	切り干し大根の煮物	111
調味料	いろんな味を楽しむ。	トマトケチャップ	辛味を楽しむ料理の代替調味料に。	マーボーなす	112
		酢みそ	酢みそにだしを加え、酸味をやわらげる。	カリフラワーの酢みそあえ	113
おやつ	栄養もとれる軽食。	じゃが芋	2～3mm厚さのいちょう切りくらい小さく切り、ソースであえる。	ポテトミートソース	114
		蒸しパン	具は小さくやわらかくする。生地は「卵白をしっかり泡立てる」「混ぜる回数は少なくする」「とかしバターは熱いうちに加える」の3点に気をつけて作る。	にんじん蒸しパン	115
		ドーナツ	生焼けになりやすいので、じっくり揚げる。	枝豆ドーナツ	116
		お好み焼き	つなぎの長芋・卵・だしの量を多めにし、やわらかくする。	キャベツのお好み焼き	117

巻末付録2

本書に掲載の料理＆幼児1人分の栄養価一覧

・ここに掲載した数値は『五訂増補日本食品標準成分表』の数値に基づき、計算したものです。
・栄養価計算値は、幼児1人分です。

料理名	掲載ページ	エネルギー(kcal)	たんぱく質(g)	脂質(g)	炭水化物(g)	ナトリウム(mg)	カルシウム(mg)
野菜のおかず							
キャベツのカレー煮	22	23	1.0	1.5	1.6	38	12
ほうれん草の白あえ	23	44	3.5	2.4	2.3	117	73
青梗菜のシラスあえ	24	8	0.9	0.1	1.0	179	28
白菜と油揚げの煮物	25	13	0.8	0.7	1.0	70	19
ブロッコリーのオイスターソースソテー	26	21	1.0	1.4	1.6	63	8
れんこんのきんぴら風煮	27	26	0.7	1.1	3.6	78	17
ごぼうと牛肉の煮物	28	32	2.0	1.1	3.5	71	10
カリフラワーのクリーム煮	29	21	2.1	0.5	2.2	125	9
春菊のごまあえ	30	12	0.6	0.8	0.9	55	18
ピーマンと牛肉のいため物	31	19	1.1	1.3	0.6	23	1
大根のいためなます	32	26	1.3	1.6	1.6	83	16
なすのグラタン	33	88	3.1	5.7	5.7	236	24
肉のおかず							
つくね団子の揚げ煮	38	77	5.4	3.9	4.7	135	10
メンチカツ	39	141	6.8	8.8	7.7	186	12
肉団子の煮込み	40	91	5.9	5.5	4.2	255	19
ミートローフ	41	125	7.3	7.7	5.8	184	16
鶏ささ身のごまみそあえ	42	25	2.9	1.0	1.2	70	6
鶏肉の照り焼き	43	106	7.3	5.4	7.2	303	13
牛肉と豆腐のオイスターソース煮	44	68	6.0	3.6	3.1	166	51
豚肉とかぶのスープ	45	30	2.3	1.1	2.7	292	7
魚のおかず							
イワシの梅煮	50	64	5.6	3.8	1.2	156	21
ニジマスの塩焼き	51	95	14.8	3.5	0.1	265	18
アジのレモンマリネ	52	73	7.5	3.0	3.5	160	12
キスのフライ	53	74	6.7	3.7	2.8	121	15
シシャモの衣揚げ	54	129	5.1	10.1	3.5	144	96
白身魚の煮つけ	55	45	7.1	1.5	0.6	105	5
タラの野菜あんかけ	56	49	5.8	2.0	2.0	166	16
サワラのねぎみそ焼き	57	81	6.4	5.4	1.1	76	19
カジキマグロのかき揚げ	58	232	7.7	15.2	14.0	109	12
サケのムニエル	59	90	7.9	5.7	0.9	103	10

鉄(mg)	亜鉛(mg)	レチノール当量(μg)	ビタミンD(μg)	ビタミンB_1(mg)	ビタミンB_2(mg)	ビタミンB_{12}(μg)	ビタミンC(mg)	食物繊維(g)	塩分(g)
0.2	0.1	1	0.0	0.02	0.01	0.1	11	0.5	0.1
0.9	0.5	70	0.0	0.06	0.06	0.0	7	0.9	0.3
0.3	0.1	72	1.3	0.01	0.02	0.1	5	0.4	0.5
0.2	0.1	2	0.0	0.01	0.01	0.1	5	0.4	0.2
0.2	0.2	18	0.0	0.03	0.05	0.0	33	1.0	0.2
0.2	0.1	68	0.0	0.03	0.01	0.1	7	0.6	0.2
0.3	0.5	0	0.0	0.02	0.03	0.2	1	1.1	0.2
0.3	0.2	1	0.0	0.02	0.03	0.0	13	0.6	0.3
0.3	0.0	57	0.0	0.02	0.03	0.0	3	0.5	0.1
0.1	0.2	3	0.0	0.01	0.01	0.1	8	0.2	0.1
0.1	0.1	34	0.4	0.01	0.01	0.3	2	0.4	0.2
0.4	0.4	20	0.1	0.10	0.05	0.1	5	1.2	0.6
0.5	0.3	22	0.1	0.04	0.08	0.1	19	0.5	0.4
0.9	1.3	12	0.1	0.04	0.08	0.4	2	0.6	0.5
0.5	0.8	9	0.3	0.17	0.09	0.1	4	0.7	0.6
0.9	1.1	80	0.4	0.15	0.12	0.6	3	0.6	0.5
0.2	0.1	18	0.0	0.02	0.02	0.0	3	0.3	0.2
0.4	0.4	116	0.0	0.07	0.08	0.1	25	1.2	0.8
0.8	1.0	0	0.1	0.08	0.07	0.2	1	0.8	0.4
0.1	0.2	53	0.0	0.10	0.03	0.0	3	0.4	0.7
0.5	0.3	11	2.8	0.01	0.10	2.6	0	0.0	0.4
0.2	0.5	13	9.0	0.16	0.08	4.5	2	0.0	0.7
0.3	0.3	39	0.7	0.04	0.08	0.2	12	0.3	0.4
0.2	0.2	9	2.8	0.03	0.03	1.2	1	0.1	0.3
0.6	0.5	55	0.3	0.02	0.09	1.5	11	0.1	0.4
0.1	0.2	63	3.5	0.01	0.07	0.7	1	0.0	0.3
0.2	0.2	54	0.3	0.05	0.05	0.5	3	0.5	0.4
0.4	0.4	4	2.1	0.03	0.11	1.6	1	0.3	0.2
0.4	0.4	26	3.4	0.05	0.07	0.6	3	0.6	0.3
0.3	0.3	21	9.8	0.05	0.10	1.9	0	0.0	0.3

料理名	掲載ページ	エネルギー(kcal)	たんぱく質(g)	脂質(g)	炭水化物(g)	ナトリウム(mg)	カルシウム(mg)
豆・芋・海藻・きのこのおかず							
じゃが芋のタラコ煮	64	28	1.2	0.2	5.5	59	2
さつま芋と豚肉の煮物	65	110	6.0	5.5	8.3	183	10
いんげん豆のトマト煮	66	72	4.0	1.5	10.8	216	26
里芋とエビの煮物	67	23	1.6	0.0	4.0	79	5
金時豆の和風シチュー	68	73	4.7	1.9	9.6	222	37
じゃが芋のグラタン	69	47	2.6	2.4	3.5	78	4
わかめと豆腐のみそ汁	70	18	1.5	0.7	1.5	223	15
こんぶと手羽先の煮物	71	46	3.7	2.9	1.3	149	12
ひじきのサラダ	72	23	0.7	1.4	3.1	83	47
まいたけと白菜の煮浸し	73	7	0.7	0.1	1.4	84	14
エリンギのみそ汁	74	13	1.0	0.3	2.1	221	11
きのこと厚揚げのくず煮	75	49	3.7	2.8	3.6	96	74
卵・牛乳のおかず							
じゃが芋のスクランブルエッグ	80	82	3.5	5.7	3.8	150	17
玉ねぎの卵とじ	81	46	4.1	2.2	2.1	179	36
千草卵	82	76	4.2	5.7	1.4	122	18
コーンポタージュ	83	102	2.9	5.0	11.4	326	72
カレー風味のクリームシチュー	84	62	4.0	2.6	5.8	227	40
サケとほうれん草のグラタン	85	131	10.1	7.8	4.5	215	85
めんの料理							
あんかけうどん	90	221	9.9	0.9	41.3	476	21
みそ煮込みうどん	91	138	5.5	2.1	23.4	419	28
卵とじそうめん	92	167	6.5	3.5	25.9	397	44
ソース焼きそば	93	190	6.2	6.0	27.0	560	37
焼きうどん	94	134	7.2	4.0	16.5	553	54
五色そうめん	95	171	5.8	5.3	24.1	490	17
ごはん・パンの料理							
菜めし	100	118	3.2	1.9	21.4	372	27
トマトライス	101	144	4.5	3.5	22.8	269	5
チャーハン	102	184	5.3	7.1	23.6	391	16
ピザ風トースト	103	155	5.2	4.2	23.8	400	41
カレーパン	104	247	9.4	12.5	22.8	276	24
ダグウッドサンド	105	187	7.1	10.4	15.9	306	30
食の幅を広げる料理							
高野豆腐の卵とじ	110	36	2.9	2.0	1.4	120	40
切り干し大根の煮物	111	28	1.3	1.2	3.8	109	32
マーボーなす	112	90	2.5	6.8	4.5	120	11
カリフラワーの酢みそあえ	113	16	1.8	0.2	2.2	130	16
ポテトミートソース	114	107	4.4	3.4	15.1	246	13
にんじん蒸しパン	115	157	4.0	3.9	25.7	99	56
枝豆ドーナツ	116	240	4.5	13.9	22.9	93	47
キャベツのお好み焼き	117	191	5.9	8.6	21.6	213	65

鉄(mg)	亜鉛(mg)	レチノール当量(μg)	ビタミンD(μg)	ビタミンB_1(mg)	ビタミンB_2(μg)	ビタミンB_{12}(mg)	ビタミンC(mg)	食物繊維(g)	塩分(g)
0.1	0.1	1	0.1	0.05	0.02	0.6	11	0.4	0.2
0.5	0.8	4	0.1	0.20	0.07	0.1	6	0.5	0.4
0.8	0.4	17	0.1	0.08	0.04	0.1	8	4.8	0.6
0.2	0.2	0	0.0	0.02	0.01	0.2	2	0.7	0.2
1.1	0.5	52	0.0	0.09	0.05	0.1	7	3.3	0.6
0.2	0.3	2	0.1	0.09	0.03	0.0	2	0.2	0.2
0.3	0.1	0	0.0	0.03	0.02	0.3	0	0.3	0.6
0.2	0.3	13	0.0	0.02	0.03	0.1	1	0.3	0.4
1.7	0.1	79	0.0	0.02	0.05	0.1	1	1.6	0.2
0.1	0.1	2	0.3	0.04	0.06	0.1	6	0.7	0.2
0.2	0.1	5	0.1	0.02	0.03	0.3	1	0.5	0.6
0.9	0.4	68	0.2	0.06	0.05	0.1	1	1.3	0.2
0.5	0.4	41	0.4	0.06	0.10	0.2	9	0.3	0.4
0.4	0.3	28	1.0	0.03	0.08	0.8	3	0.4	0.5
0.6	0.4	89	0.4	0.03	0.13	0.2	2	0.3	0.3
0.2	0.4	40	0.2	0.04	0.11	0.2	2	0.8	0.8
0.2	0.3	57	0.1	0.04	0.07	0.1	11	0.7	0.6
0.4	0.6	68	9.8	0.10	0.17	2.0	6	0.4	0.5
0.6	0.4	24	0.0	0.08	0.07	0.3	19	1.9	1.2
0.7	0.5	49	0.1	0.12	0.06	0.3	5	1.6	1.1
0.8	0.5	27	0.3	0.06	0.09	0.4	2	1.6	1.0
0.6	0.4	19	0.1	0.11	0.04	0.1	26	2.0	1.4
0.6	0.4	71	3.8	0.06	0.06	1.4	2	1.5	1.4
0.4	0.3	17	0.3	0.05	0.03	0.2	19	1.6	1.2
0.7	0.6	76	2.0	0.05	0.05	0.2	7	0.8	0.9
0.4	0.5	12	0.3	0.04	0.02	0.2	4	0.5	0.7
0.7	0.7	29	0.5	0.08	0.11	0.3	6	0.6	1.0
0.4	0.5	21	0.0	0.04	0.04	0.1	1	1.2	1.0
0.9	1.1	13	0.2	0.16	0.10	0.2	5	1.1	0.7
0.9	0.6	47	0.4	0.06	0.14	0.2	0	1.2	0.8
0.7	0.3	113	0.2	0.02	0.08	0.2	4	0.5	0.3
0.5	0.2	68	0.1	0.02	0.02	0.1	0	1.1	0.3
0.3	0.4	7	0.1	0.09	0.04	0.0	3	1.0	0.3
0.3	0.2	8	1.3	0.03	0.04	0.1	26	1.0	0.3
0.6	0.6	85	0.1	0.18	0.07	0.1	26	1.8	0.6
0.8	0.3	90	0.3	0.05	0.09	0.2	0	0.9	0.3
0.6	0.4	34	0.2	0.07	0.08	0.1	3	1.1	0.2
1.1	0.5	28	0.3	0.08	0.09	0.7	10	1.3	0.5

加藤初枝（かとうはつえ）——食事指導とレシピ作成

元 東京家政大学准教授。管理栄養士。東京家政大学家政学部卒業後、1976年から同大学児童学科内にあるナースリールーム（乳幼児保育研究施設）に勤務。長年の経験から得た幼児が食べやすいようくふうされたレシピとノウハウで広く知られる。著書に『好き嫌いをなくす幼児食』（女子栄養大学出版部）、『はじめての子育てごはん―今日の献立らくらくレシピ』（金の星社）など。

井桁容子（いげたようこ）——保育指導

元 東京家政大学ナースリールーム主任保育士、東京家政大学非常勤講師。現在、非営利団体コドモノミカタ代表理事。「保育の根っこを考える会」主宰。1976年東京家政大学短期大学部保育科を卒業後、同大学児童学科内にあるナースリールームに勤務。子どもの本質、質の高い保育のあり方について数多くの実践研究や講演、保育コンサルティング、ワークショップなど開催。著書に『012歳児のココロを読みとく保育のまなざし』（チャイルド社）など多数。

向井美惠（むかいよしはる）——医療指導

昭和大学名誉教授、歯科医師。1973年大阪歯科大学卒業、2008年より昭和大学口腔衛生学教授等を歴任後、2013年昭和大学名誉教授、朝日大学客員教授。小児の食べる機能発達、摂食嚥下リハビリテーションが専門。乳幼児の離乳食の進め方を示した「授乳・離乳の支援ガイド」の策定に関する研究会委員（厚生労働省）等を歴任。著書に『乳幼児の食べる機能の気付きと支援』（医歯薬出版）など多数。

今井久美子（いまいくみこ）——料理作成

料理研究家、栄養士、元 内閣府食品安全委員会専門委員。1974年女子栄養大学栄養学部卒業後、保健所、学校などで講師として栄養・料理指導に携わる。手軽においしく作れる健康メニューが得意で、朝日新聞「料理メモ」や料理書、雑誌で広く活躍。共著に『腎臓病　透析患者さんのための献立集』、『高齢者のための食事制限メニュー』（いずれも女子栄養大学出版部）など。

子どもの気持ちがよくわかる

食べない子が食べてくれる幼児食

著者　加藤初枝
　　　井桁容子

医療指導　向井美惠
料理作成　今井久美子

撮影　青山紀子
イラスト　天明幸子
デザイン　二井美好（二井デザイン室）
栄養価計算　スタジオ食
校正　くすのき舎

2010年11月20日　初版第1刷発行
2019年10月 1 日　初版第5刷発行
発行者　香川明夫
発行所　女子栄養大学出版部
　　　〒170-8481　東京都豊島区駒込3-24-3
電話　03-3918-5411（営業）　03-3918-5301（編集）
ホームページ　http://www.eiyo21.com
振替　00160-3-84647
印刷・製本所　大日本印刷株式会社

ISBN978-4-7895-1722-5